『ザ・シークレット』に登場の賢人
ジョー・ビタリー博士 著
鈴木 彩子／今泉 敦子 訳

the Key
ザ・キー

ついに開錠される成功の黄金法則

イースト・プレス

ザ・キー
ついに開錠される成功の黄金法則

●

THE KEY

THE KEY
The Missing Secret for Attracting Anything You Want
By Joe Vitale

Japanese translation arranged with
John Wiley & Sons International Rights, Inc.
through Japan UNI Agency, Inc. Tokyo

はじめに

あなたがいま手にしている本には、固く施錠された「成功への扉」の鍵穴をまわす秘密、すなわち、人類の歴史を通じて証明された、しかも新しい、そしてなによりも実践的な方法（「キー」＝クリアリング・メソッド）が明らかにされています。

本書の著者、ジョー・ビタリーはよき友人です。ですから、とらえどころのない「キー」を探していた頃の彼を、それからついに「キー」を見つけたときの彼を、身近で見ていました。つまり私は、彼の人生を見守るうちに、彼の世界がおおいに、そして「永遠に」変わるのを見た目撃者というわけです。

彼の「発見」においてすばらしいのは、彼がすべての変化を記録していたことです。ジョーは、偉大な天文学者のように、この美しい事実を書きとめて、やがて読者のみなさん、ひいては自分を閉じこめている心理的な監獄にうんざりしているすべてのひとたちと、共有するつもりだったのでしょう。

この本を読むという体験は、これまで秘められていた驚異の黄金法則を「開錠」し、まったく新しい世界への扉を開けてくれるはずです。本書にはそのための「キー」が隠されているのです。

ボブ・プロクター　哲学者・作家（『宇宙を味方にしてお金に愛される法則』著者）
www.BobProctor.com

ザ・キー　目次

第2部

「欲求実現への扉」を開く10のメソッド……69

第3部

成功するためのもうひとつの法則……159

Part 1 : The Key

第1部
幸運を呼び富を引き寄せる「キー」とは？

　誰もが幸福についてしゃべる。しかしそれを知っている人はほとんどいない。

——　マダム・ジャンヌ・ローラン（フランスの革命家）

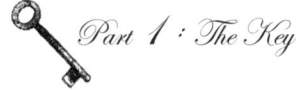

失われた秘密

ひとがなにかを経験するとき、思いこみは決定要因となる。外からの要因は介在しない。
――デヴィッド・ホーキンズ『私：現実性と主観性(I:Reality and Subjectivity)』より

まずは、正直に。あなたの人生には、「引き寄せ」たり、やりとげたり、解決したりしようとしたのに、未だに実現できないことがきっとあるはずです。

努力はしてきました。自己啓発本を読む、『ザ・シークレット』などの映画を観る、セミナーに参加する、とにかくあらゆることをやってきたはずです。それでも、望んでいるのに引き寄せられそうもなくて、壁にぶちあたってしまうことがひとつやふたつはあるのです。

なにがいけないのでしょう？ かんたんに引き寄せられることもあるのに、なぜこの分野ではいつもつまづいてしまうのでしょう？ 「引き寄せの法則」は実は効いていないのでは？ ほんとうはなにが効くのか？

では、望むことはどんなことでも引き寄せる「**ミッシング・シークレット**」――**失われた秘密**

とは、どういうものでしょう？

あなたが人生で経験することは、すべてあなたが「引き寄せ」たのです。悪いことが起こるのは、あなたが無意識で引き寄せたからです。経験を背後であやつる心のプログラムに気づけば、悪いできごとは遠ざけて、自分がいいと思うことを引き寄せられるはずです。

まずは、望むものを引き寄せるときにじゃまな、隠れた思いこみを「**クリアにする**」ことです。「**クリアにする**」という意味についてはのちほど説明しますが、それによって奇跡と呼ばれるものを手に入れられるのです。例を挙げてみましょう。

・わたしが、太りすぎにまつわる問題を「**クリアにする**」と、体重が80ポンド（約36キロ）減り、６つのフィットネス・コンテストに出場できて、身体も人生もすっかり変わった。

・わたしが、新車にまつわる隠れた思いこみを「**クリアにする**」と、その後新車を12台も引き寄せた。そのなかには現在所有しているＢＭＷ２台のほかに、ハンドメイドのとびきり美しい高級スポーツカー、パノスのエスペランテＧＴＬＭ「フランシーン」がある。

・わたしが、命にかかわりそうなリンパ節の腫れが胸にできた理由を「**クリアにする**」と、そのリンパ節は害のないものになった。

・わたしが、かつてはホームレスであり、極貧の売れないライターだった理由を「**クリアにする**」と、インターネット業界の寵児となり、30冊以上の著作をもつ売れっ子作家となり、大ヒット映画『ザ・シークレット』の登場人物となった。

どうみても、心のなかの障害物を「**クリアにする**」ことが、望むことをなんでも引き寄せる「失われた秘密」です。では、自分が今すぐに「**クリアになる**」必要があるのかどうか、どうすればわかるのでしょう？　そういう質問をすることじたい、「クリアに」なっていない証拠かもしれません。しかし、それを早く見つける方法はあります。まずは、以下の質問に正直に答えてください。

- **人生で、くりかえし問題が起きる分野がありますか？**
- **新年の誓いをたてたのに、長くつづかなかったことはありませんか？**
- **効果のない自己啓発のメソッドに苛立っていませんか？**
- **望むものを手にするための行動を起こしていないのではありませんか？**
- **なにかが自分の成功をじゃましていると感じていますか？**
- **映画『ザ・シークレット』を観ても、自分の望むことを引き寄せられていないのではありませんか？**

正直に答えると、人生でひとつぐらいは質問にあてはまって、どうしてもつまづいてしまう分野があるはずです。

それは、減量という分野かもしれません。食事療法もやった、運動もした、それでも体重は落ちなかったり、あっという間に戻ったり。呪われている気がしてきます。

それは、人間関係という分野かもしれません。デートもした、オンライン・サービスにもアクセスした、もしかすると親密になって、結婚までたどり着いたかもしれない。けれど、愛は永くはつづかなかった……いつもなにかがロマンスのじゃまをするのです。

あるいはそれは、懐具合という分野かもしれません。どんな仕事をしても、充実感がない。あるいは、どれほどカウンセラーと面接しても、どれほど履歴書を書いても、自分に合った職業が見つからない。夢に向かう自分を世間は支持していないように思える。結局いつも文無しだったり、借金に追われたりしています。

あるいはそれは、健康という分野かもしれません。しつこい腰痛とか、あるいはもっとやっかいな、癌や筋肉の疾患などに悩まされている。あるいはアレルギー、はたまた長引く咳や喘息とか。病気がなんであれ、自分はその病になる運命だったと考えているせいで、治るとは思えないのです。

行きづまると、ふつうは自分が被害者だと感じるものです。自分の問題だとわかっているのに、原因は別のところにあると思ってしまいます。上司や近所のひと、社長、政府、はたまたテロリストの責任だとか、公害だの地球温暖化だの、果ては自分の遺伝子やら国税庁、しまいには神のせいにしてしまうのです。

では、解決策はあるのでしょうか？

その「キー」とは?

わたしも、この「行きづまった」感覚に覚えがあります。ホームレスになってひもじい思いをしているときでした。世間にたたきのめされている気がしたものです。自分の親、世の中、果ては神に至るまで、あらゆるものに怒っていました。こんな人生は、生きる価値もないと思っていました。まずは食べるのに必死で、住むところを見つけるのは二の次、車など夢のまた夢。苦しく、くやしい思い出です。けれどもそれは、断じて自分のせいではないと考えていました。わたしは善良で、もっと価値ある人間のはずだと。

減量をこころみたときも、同じように行きづまりました。わたしは子供時代、ティーンエイジャー時代、そして大人になってからの大半の時間を肥満体で過ごし、それが嫌でしかたありませんでした。この体質は親のせいだと責めました。育て方や食べさせ方が悪かったのだと責めたこともあります。自分が恥をかいたことを、体育教師のせいにしました。自分は太っている運命だと思っても、そんな運命は大きらいでした。

両方のケースで、くりかえし起こる問題を抱えていながら、わたしは自分に原因があるとは思ってもいませんでした。外の環境のせいにしていたのです。これこそ、多くのひとが壁にぶつかって切り抜けられないときに陥るパターンです。自分のせいじゃない、壁のせいだ、と考える。人生のほかの分野ではみなうまくいくのに、このやっかいな分野にぶちあたるとクリアにできず、出口を見つけられずにいるのです。

この本のポイントは、その出口を見つけること。

わたしはそれを「キー」と呼ぶのです。

「キー」は、望むことならなんでも引き寄せるための、失われた秘密です。嘘いつわりのない気持ちで、私はこのことをお伝えします。これは真実です。現実です。自由への切符です。

わたしはホームレスだったころ、自分の思いこみを見つめなおさざるをえない状況になりました。そのとき、不幸でもがいているのは、そうなると自分が「予想した」からだと知ったのです。自分の人生を、破滅型の作家たちに重ねていることに気づきました。そういう作家になりたかったせいで、憂鬱は必修科目だと思いこんでいたのです。いったん自分の思いこみを改めると、新しい現実を引き寄せるようになりました。まず仕事が、つづいてお金が、さらに幸せが手に入りはじめました。そしていまでは、数十冊もの著作がある作家であり、『ザ・シークレット』や『ザ・オーパス（The Opus）』といった映画にも登場する身となりました。

他人のせいにしていた問題が、なぜ解決したのでしょう？

わたしの肥満体にも変化が起こりました。いまでは、理想的とは言えないけれど、標準体です。これまでに6つのフィットネス・コンテストに出場しました。自分のジムも作りました。フランク・ゼーンをはじめとする有名ボディビルダーたちといっしょにトレーニングをしたこともあります。

自分のＤＮＡを呪いつづけた長年の問題を、なにが変えたのでしょう？

両方のケースで、わたしは「キー」を使いました。

それこそが、本書の肝心な部分です。途方もない夢、そして最高にすばらしい夢——どんなものでも引き寄せるための手引書なのです。

あなたに必要なのは、「キー」です。

潜在意識をあやつるテクニック

あなたは自分が無意識のうちにあらゆる経験をもとめ、他人にはそのひとが潜在意識で望んでいる経験を届ける。

——スーザン・シュムスキー『奇跡の祈り（Miracle Prayer）』より

１９００年代初頭、『幸せなお金持ちになる「確実な法則」——「思い」と「実現」の法則２』（小社刊／２００７年）の著者ウォレス・D・ワトルズは、あまり知られていないエッセイ集『望みを手に入れる法則（How to Get What You Want）』のなかでつぎのように記しています。

人びとが失敗する理由は、客観的には成功すると思っても、潜在意識下では自分たちができることを知らないところにある。おそらく、成功する能力に対して潜在意識が強い疑いをもっているからだろう。この意識は取りのぞかれなければならない。さもなくば、本当に必要とするときに成功する力を抑えてしまうことになる。

ワトルズがここでほのめかしているのが、あなたが望むことならなんでも引き寄せる「キー」のことです。なにかをほしがっていると顕在意識が判断しても、潜在意識がその価値はないと判断したり固定観念があったりすると、あなたは自分の望むことを手に入れられません。それどころか、実際には望んでいないと思っていたことを引き寄せてしまいます。ところが本当は、**あなたが引き寄せているのは、潜在意識があなたにとって正しいと感じたことなのです**。自分が望むことをきちんと引き寄せるには、**顕在意識と潜在意識の意見を合わせる必要**があります。

スーザン・シュムスキーは著書『奇跡の祈り（Miracle Prayer）』のなかで、こう記しています。「あなたが自覚する意識の思いこみは、自分が『思いこんだような気になっている』ものである。あなたの潜在意識の思いこみと心の奥底にある信念は、自分が『本当に思いこんでいる』ものである」

あなたがいま手にしているのは、少なくとも無意識のうちに自分が望んだものです。

「キー」とはつまり「クリアにする」こと。そうすればあなたの顕在意識と潜在意識とが一致します。わたしは以前著した『引き寄せのファクター（The Attractor Factor）』で、奇跡を引き寄せる方法の第3段階として「クリアになる」ことをあげました。ここで、その5つの段階をふりかえってみます。

1　自分の望まないことを知る
2　自分の望むことを選ぶ
3　クリアになる
4　望むことがもうできているかのように「感じる」
5　やる気になるまで、そのままにしておく

この5段階は、大きな目標や夢を実現するときに機能します。しかし、5段階を実践してみても、壁にぶつかったりくじけたり、自分の目標をはっきり言えなかったりするようなら、それは**あなたが完全にはクリアになっていない**からかもしれません。心のなかで葛藤があるせいかもしれません。目標を求めていても、それを望まない部分がどこかにある。無意識が、意識している部分の欲求を拒絶しているのです。

映画『ザ・シークレット』を観たひとも、何十回、いや何百回となく、ある分野では行きづまりを感じています。それは、おもてに現れた意志に反する思いこみを、心に秘めているからです。その、可能性を制限する思いこみをいったんクリアにすれば、たちまち成果があらわれます。

「クリアにする」というのは、自分の欲求に対する心のなかの障害物を始末するという意味です。

わたしは、これらの障害物を「反対意志」と呼んでいます。わたしの知りうるかぎり、この「反対意志」を理解する最善の方法は、昨年の1月1日をふりかえることでしょう。

おそらく、あなたは新年の誓いをいくつか口にしたことでしょう。たとえば「1日おきに運動する」とか「禁煙する」、あるいは「もっと金を稼ぐ」とか。目標を口にしたとき、心構えは最高潮だったはず。達成する気まんまんだったはずです。

それなのに、なにが起きたのでしょう?

つぎの日にはもう、ジムがどこにあるかも忘れたのかもしれません。あるいは、また食べ過ぎて、食習慣を改善しようという誓いをすっかり忘れたのかもしれません。

それは、あなたの「反対意志」が口にした意志を覆してしまったからです。

「クリアにする」とは、この反対意志を取り除くということです。そうすれば、あなたが思いえがくことはなんでも手に入るし、できるし、なれるのです。

クリアにすることは、すべての自己啓発プログラムの失われた秘密。

それが、望むことならなんでも引き寄せる「キー」なのです。

宇宙はどのように働くか

もし今朝あなたが目覚めた時、病気でなく健康だと感じることができたなら、あなたは今週生き残れないであろう百万人のひとたちより恵まれています。

もし冷蔵庫に食料があり、着る服があり、頭の上に屋根があり、眠れる場所があるなら、あなたはこの世界の75パーセントのひとよりも裕福で恵まれています。

もし銀行に預金があり、財布にお金があるなら、あなたはこの世界のなかで上位8パーセントの裕福なひとのなかに入っています。

もしあなたが微笑みをたたえて頭をあげ、心から感謝しているなら、あなたは恵まれています。なぜなら大多数のひとはそれができるにもかかわらず、やらないからです。

――作者不詳

製品やサービスのアイデアのインスピレーションを受けたのに、実行に移さなかったことはありませんか？　子供の新しいおもちゃや新製品のシャンプー、ある種のグループを手助けするための新しい装置などのアイデアです。実行に移しましたか？　もし移していないのなら、それはなぜですか？

別の角度から考えてみましょう。自分のためになにかをしてほしいと宇宙に願ったにもかかわらず、求めていた結果がえられなかったことはありませんか？　心に思い描いていたのに、想像したようにはならなかったことは？　あるとすれば、なにが起きたのでしょう？

「キー」を理解するために、ここであなたと宇宙の間になにが起きたのかを説明しましょう。

1　宇宙――ここでは、とてつもない力を持った神、創造主、天帝、生命、無の状態、道《タオ》教の道……なんと呼んでもかまわないのですが、それはあなたとの間でつねにメッセージをやりとりしています。それは、あなたにインスピレーションを送りこみ、あなたからは願いを受けとります。

2　このやりとりは、あなたの思いこみのシステムのフィルターを通り、あなたが行動を起こすか否かの原因となります。

3　あなたが手に入れる結果は、この2段階から生じるものです。この結果をどう読み取るかは、これまたあなたの思いこみのシステムに基づきます。

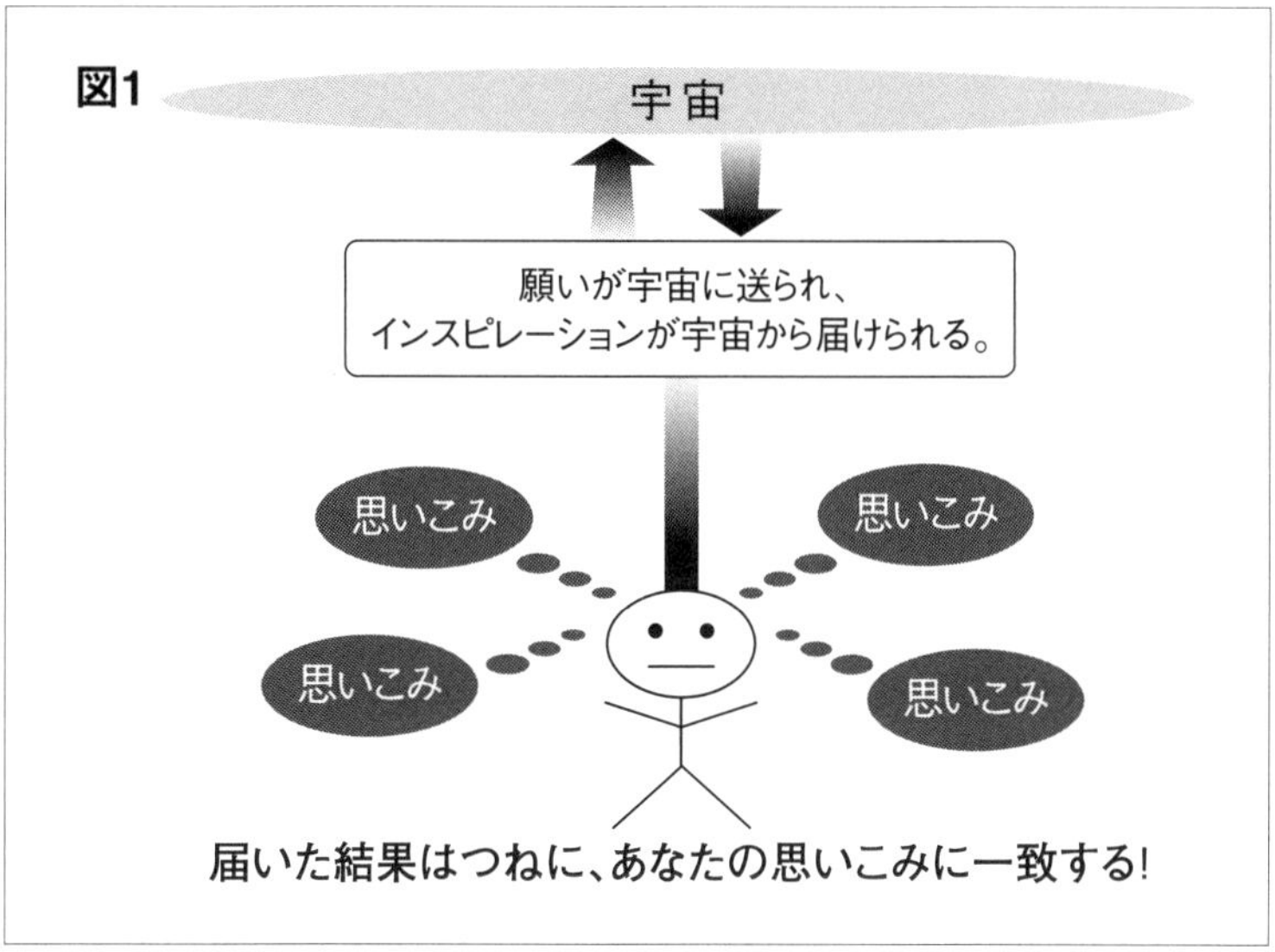
図1
宇宙
願いが宇宙に送られ、
インスピレーションが宇宙から届けられる。
思いこみ
思いこみ
思いこみ
思いこみ
届いた結果はつねに、あなたの思いこみに一致する!

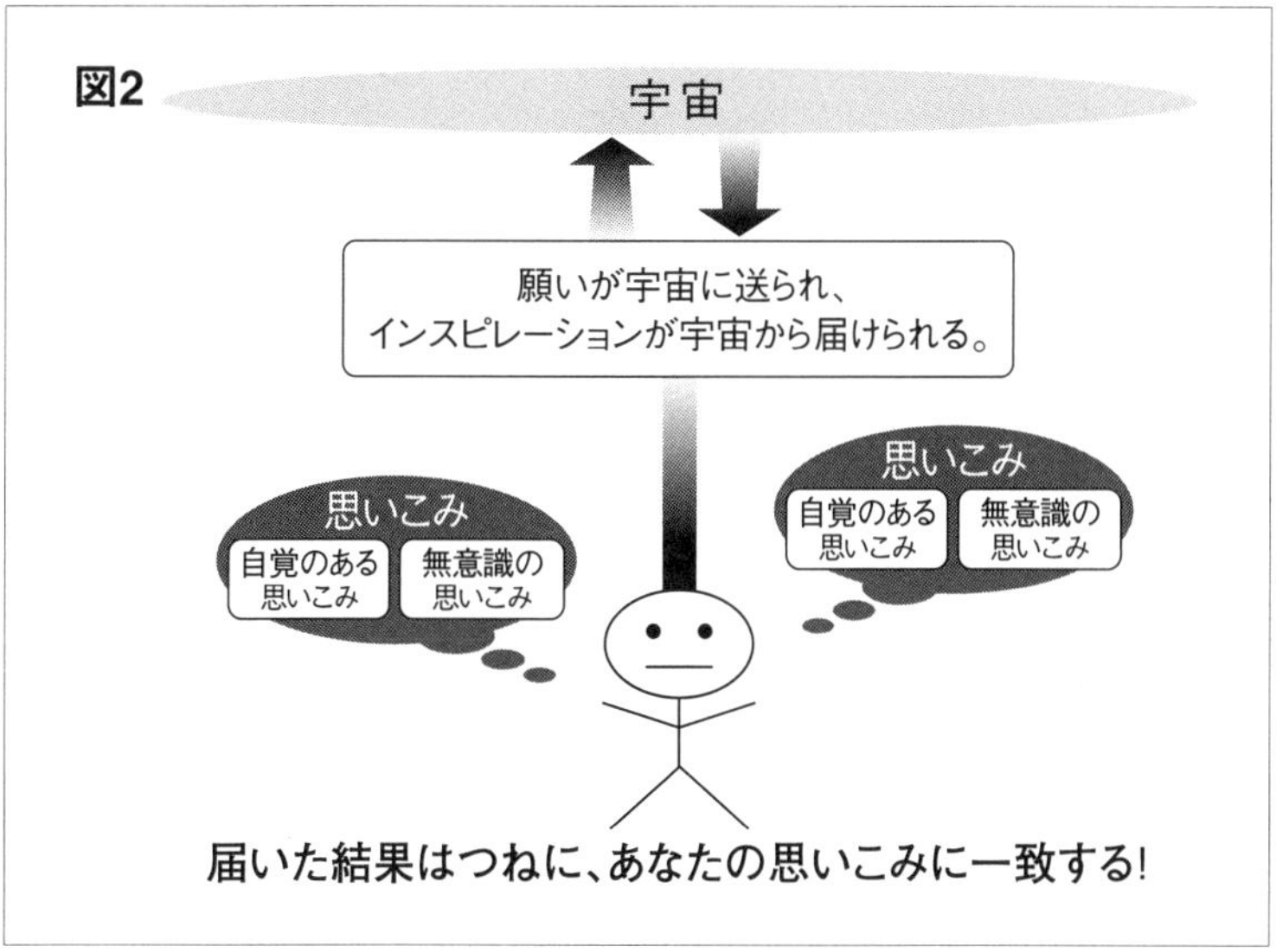
図2
宇宙
願いが宇宙に送られ、
インスピレーションが宇宙から届けられる。
思いこみ
自覚のある思いこみ
無意識の思いこみ
思いこみ
自覚のある思いこみ
無意識の思いこみ
届いた結果はつねに、あなたの思いこみに一致する!

図1からわかるように、宇宙、あるいは創造主、もしくは名も無き力をあらわすあらゆるものは、あなたの願いを受けいれる用意をしていて、あなたにメッセージを送ろうともしています。**そのコミュニケーションは、あなたの思いこみというフィルターを通しています。**最終的な結果は、現実と呼ばれるものです。しかし、もしあなたが思いこみを変えれば、ちがう現実を手にすることになります。

たとえば、あなたが新製品を作るためのアイデアを受けとったとき、そのアイデアは宇宙からの贈り物として届けられました。しかしあなたはこのアイデアを検討したあと、判断を下すことになりました。そのとき「でも、どうやってこれをやり遂げればいいのかわからない」とか、「でもどこにそんなお金が？」とか、「もうとっくにだれかが考えているはず」などと考えたかもしれません。これらの判断や疑念は、すべて思いこみです。そしてこういった思いこみのせいで、行動に移せなかったのです。その結果、あなたは新製品を作り出せませんでした。

実際、別のひとがとっくに考えていたことがあとでわかります。だからこそ、わたしは言いたいのです、「宇宙はスピードを好む」と。宇宙は新製品やサービスのアイデアを何人かに同時に与え、そのうち多くのひとが「やらない」と自分に言い聞かせることを承知しています。成功は、早く行動を起こしたひとのもの。

とはいうものの、あなたが宇宙に助けを求めた場合はどうでしょうか？　宇宙はつねにそこに存在して、耳を傾けて実現する準備をしています。それでもしばしば、あなた自身の思いこみが宇宙の手助けのじゃまをします。たとえばあなたが、理想の相手に出会う方法を求めたとしましょう。それを耳にした宇宙は、あなたの背中をそっと押して、理想のひとに会えそうなグループに入れようとします。けれどもあなたはこんなふうに自分に言い聞かせてしまいます。「でもあのグループには以前参加したことがあるし」とか、「だれもわたしのことなんか求めていない。わたしなんて……」という具合に。もう一度くりかえしますが、**宇宙が手助けしようとするのに、あなた自身の思いこみが成功をじゃましてしまう**のです。

あなたという世界のなかで働く「思いこみ」は、大体自覚のないものだと理解することが大切です。あなたは自覚のある思いこみを抱くと同時に、無意識もしくは潜在意識の思いこみも抱く。より深いところにあるもののほうが、より強い力をもっています。これらの思いこみは、人生を動かすプログラムを作る配線です。「**クリアになる**」ためには、こういった根深い思いこみを一掃する必要があります。そのことを念頭に置くと、宇宙の働きかたは**図2**のほうが近いのではないでしょうか。

手短にいうと、**あなたは思いこみが作りだした宇宙のなかで生きています**。結果を変えるには、自分の「無意識の」思いこみを変えなくてはなりません。それこそが、あなたがクリアにすべき分野なのです。もう一度いうと、「**クリアにする**」ことこそが、望むことをなんでも引き寄せる「失われた秘密」です。

それが「キー」なのです。

引き寄せの法則

いかなるものも、正しき心構えを持ったひとが目標を達成するのをとめることはできない。この世界のいかなるものも、悪しき心構えを持ったひとを救うことはできない。

——トーマス・ジェファーソン

「キー」について学ぶ前に、あまり知られていない宇宙の法則のひとつを理解する必要があります。心のなかの固定観念をすべて取りのぞくと、あなたは意識して「引き寄せの法則」をとらえるようになります。あなたはすでにこの法則で、あらゆることを人生に引き寄せていますが、これまでは無意識でそれを行っていたのです。

この法則は、1906年にこの世に初めて正式に発表されました。ウィリアム・ウォーカー・アトキンソンは著書『引き寄せの法則――すべての願いが現実になる』（ベストセラーズ／2007年）のなかで、そのことに触れています。

われわれは重力の法則のことを知ったふうに述べているが、それと同時に現れる「思考の世界における引き寄せの法則」のことは無視している。われわれは、物質を構成する原子を引きつけて結合させる法則の現れには、すっかりなじんでいる――自分たちの身体を大地に引き寄せ、回転する世界を保ちつづける法則の力は認識している。だが、われわれが欲したりおそれたりするものへと導いたり、われわれの人生を形作ったり台無しにしたりする強大な力には目をつぶっている。

思考とは磁石のように引きつけるパワーを持った力（エネルギーの現れ）であるとわかるようになると、われわれはこれまで判明していなかった多くのものごとの理由と原因を理解しはじめるだろう。思考の世界のこの強力な法則――「引き寄せの法則」の働きの研究に関していうと、かかった時間と手間に十分に報いられそうな研究は、まだない。

こんにちでは、多くのひとがこの法則について語っています。引き寄せの法則は、映画でも本でも大ヒットした『ザ・シークレット』や、わたしの著書『引き寄せのファクター』のなかでも述べられています。これは、親友であるヒックス夫妻、ジェリーとエステルの著書『引き寄せの法則――エイブラハムとの対話』（ソフトバンク　クリエイティブ／２００７年）などから学びました。これは心理学の土台をなす法則で、あなたは自分が集中するもの以上のものを手に入れるというのです。要するに、多くのひとは自分が望んでもいないことに集中してしまい、その結果としてより多く、望んでいないものを手にするというわけです。

この法則に例外はありません。例外があればいいとあなたが思っているのは、わかります。しかし、例外はありません。あなたの人生で起こることはすべて、この「引き寄せの法則」で引きつけられました。もしこれが真実の法則なら、と仮定するまでもなく、これは真実ですから、どうみても例外などないのです。断じて。

わたしの個人的な話で説明しましょう。

集中して、「引き寄せられ」て

2007年の1月末に腹痛を起こしたわたしは、緊急治療室に入って盲腸の手術を受けるはめになりました。術後は短期間であっさり快復しましたが、わたしの本の読者からこのような電子メールが送られてきました。

盲腸になったとうかがい、お見舞い申しあげます。しかしわたしは本当にとまどっています――『引き寄せのファクター』を著した天才が、どうしてまたそんな強烈な体験を引き寄せるのでしょう?　あなたの教えだと、あなたがそれを「引き寄せ」たのですが、でもなぜ?　どこかでうっかり間違われたのではないでしょうか……間違いを発見されたら、説明していただけませんか?　そうすればわたしたちは同じ轍を踏まずにすむと思います。

この正直な疑問に、きちんと答えようと決めました。そのひとに宛てた返事は以下のとおりです。


わたしはこう考えています――

おっしゃるとおり、わたしはこの病気を引き寄せました。

わたしたちは人生のあらゆるものを引き寄せます。

例外はありません。

ほんとうは、わたしたちはそれを無意識で引き寄せるのです。

自覚のレベルでは、自分のしていることはわかっていません。おおいにつまずきながら、人生を過ごしています。

もちろん、わたしもそのひとりです。

わたしは次作『ゼロ・リミッツ（Zero Limits）』のために調べものをしていて、人間の自覚意識は一瞬の間に15ビット以上の情報を認識することはない、ということを知りました。しかし無意識は何十億ビットもの情報を認識します。わたしたち人間の基本ソフトは、どうみても無意識のほうが大きく作られています。


人生のポイントは、目覚めることにあります。完全に意識するようになることです。可能性を制限したり否定的だったりする無意識すべてを一掃したい。そうすれば、不思議な力や奇跡をもたらしてくれる神聖な流れにのることができます。

しかし、どうすればいいのでしょう?

1月の半ば、わたしはのちに「ゼロ・リミッツ」と名づけた、強烈で人生が変わるほどの週末を過ごしました。名前は次作の題名にちなんでいます。イハレアカラ・ヒュー・レン博士が討論の大半に加わって、予期しない体験をわたしたちの魂に吹きこみました。全体の目的は、ひとの結びつきから物事の原因に至るまで、わたしたちの妨げになっているものを取りのぞくことにありました。

ここで発見したのは、わたしも含めた全員に、取りのぞかなくてはならないものが想像もつかないほど多くあったことです。

しかしわたしはそれらを取りのぞきました。そして、いまもまだ実践中です。

この忘れられない週末のあと、いつも使っているコンピュータが稼動しなくなりました。ノートパソコンも同じ運命をたどりました。

そして、www.mrfire.comから派生したわたしのサイトがすべて接続できなくなりました。

同じ週末になにも繋がらなくなり、あらゆるものが故障してしまったのです。

それとまさに同時に、腹痛がはじまりました。

そして先週の月曜日の夜まで、ずきずき痛む盲腸を取るために緊急治療室に入っていたのです。

いったいなにが起きたのだろう、と考えました。

そして、わたしの身体と人生において、もろかったり働いていなかったりするものをすべてクリアにしていたのではないだろうか、と思い至ったのです。

いわば、強制的な休暇だったのかもしれません。

わたしはそれまで、異常な速度で突き進んで息を切らし、ものすごい数のプロジェクトを引き受けたり、旅行をしたりして、立ちどまってリラックスしたり気分転換したりということをめったに（いえ、正直に言うとまったく）やらずに過ごしてきました。

わたしの無意識は、わたしをストップさせることに決めました。コンピュータをとめ、それからわたしをとめることによって、わたしを休暇にいざなったのです。

けれどもそれは実は、この話の重要な部分ではありません。

ここからが肝心です。

わたしはこの経験を、どれひとつとしてネガティブにはとらえませんでした。

憤慨したり、激怒したり、おそれたり、あるいはその他のネガティブな感情を抱いたことはけっしてありませんでした。

せいぜい好奇心を抱いていただけです。

わたしはこれらのイベントが展開していくのを、自分とスターの双方向映画《インタラクティブ・ムービー》を見るような気分で眺めていました。

正直な話、緊急の虫垂炎手術などだれもせずに済めばいいのですが、だからといってこれがあなたの想像しているような「強烈な」経験だったわけではありません。

この経験の始めから終わりまで、わたしは「愛しています《アイラブユー》」ともうひとつ、クリアにするためのことば（「クリアリング・メソッド5」を参照）を口にしつづけていました。

単純に、自分をクリアにしつづけていました。

その結果、すべてがうまく働いたのです。

ほかにも、告白したいことがあります。このできごとの数週間前、自分がもう53歳になるのにまだ入院したことも手術を受けたこともないのは変な感じだと思っていたことです。

また、「わたしはもはや生きてはいない」というタイトルでブログを書いたりもしました。そのせいで虫垂炎を引き寄せてしまったのかもしれません。もっとも、その後タイトルを「元気に生きています」に変更しましたが。

つまり言いたいのは、わたしのなかの無意識がこの経験を届ける決断をしたということです。

集中することで、わたしはこの経験に引き寄せられはじめたのです。つまり、自分でこの経験を求めたのです。

それでは、わたしは自分の緊急手術を引き寄せたのでしょうか？

映画『ロッキー』の主人公なら、こう言うでしょう。「Absolutely《もちろん》」

結論——自分の心にはつねに警戒しておく必要があります。けれども、まだ心のなかの大きな基本ソフトがなにをしているか気づけないため、クリアリングの作業をつづけなくてはならないのです。

でも、どうやって？

「法則」の正しい使い道

批評とは、けっして愛情に満ちたものではない。けっしてだれかのために分かちあわれるものでもない。その矛先となったひとの不安感と疑念とを蝕み、煽るようにできているのだ。
――カレン・ケーシー『心を変えれば人生も変わる（Change Your Mind and Your Life Will Follow）』より

わたしはときどきABCテレビのドラマ『ボストン・リーガル』を見ます。2007年シリーズの話のひとつに、ウィリアム・シャトナー演じる超自己中心的な弁護士デニー・クレーンが椅子に腰掛け、目を閉じて、あのグラマー女優のラクエル・ウェルチを「引き寄せ」ようとするシーンがありました。彼が言うには、最初は世界平和を引き寄せようとしたけれど、有名女優のような「もう少しささやかなもの」を引き寄せるほうがかんたんだと思ったそうです。

わたしは、映画『ザ・シークレット』と「引き寄せの法則」が、全国ネットのテレビでパロディー化されるのを喜んで見ました。

まさにそのとおり――パロディーだったのです。ドラマの終わりでシャトナー演じる弁護士は、ウェルチではなく１９１７年生まれの超ベテラン喜劇女優、フィリス・ディラーを「引き寄せ」てしまいます。

弁護士は茫然自失。

彼は、引き寄せの法則が働かなかったのだと考え、こうつぶやきます。「あいつら、訴えてやる」

では、弁護士はどんなまちがいをしでかしたのでしょうか？

なぜ自分が望んでいると公言した相手を引き寄せられなかったのでしょうか？

わたしの見解は、こうです。

まず第一に、弁護士はすわって集中し、指を額に当てて、頭が痛いかのようなそぶりを見せました。表情に喜びは感じられません。引き寄せの法則は、自分が望むことの最終結果を「感じる」ときに働くのであって、ただ「考える」だけではだめなのです。デニー・クレーンは、喜びとは程遠い状況でした。

つぎに、弁護士はなにも行動を起こしていません。まったくなにも。弁護士の性格を考えると、受話器を取ってあちこちに電話をかけまくることもできたはずです。彼の権力の及ぶところにいる知人が、ラクエル・ウェルチと結びつけてくれたにちがいありません。わたしでも、もし本当に望めばラクエルとお近づきになれたかもしれません。

さらに、弁護士は自分が望まないと考えている人物、フィリス・ディラーを引き寄せています。これこそが、きわめて意味のあることなのです。あなたはつねに「無意識のうちに」自分に合っていると思うものを引き寄せます。番組のなかでは、ディラーは昔の恋人の役です。弁護士にとってはセックスを意味する人物であり、あるいは、少なくとも昔はそういう仲でした。これは実にフロイト的な話です。自分の望むことを手に入れるには、古いプログラムのなかをクリアにしなくてはなりません。それを行うまで、声に出して望んだことは手に入らず、無意識下で望んでいることを手に入れてしまうでしょう。

最後に、「訴えてやる」うんぬんの弁護士のつぶやきが、これまた明らかにしています。弁護士はいまだに被害者であり、自分が扱える唯一の武器、つまり法律制度に頼らないかぎり、世間では力を持たない人物だと、自分で暴露しているわけです。

もう一度言います。わたしは『ボストン・リーガル』のこのエピソードが大好きです。これがパロディーであることを覚えておいてください。

引き寄せの法則に関しては、例外はありません――たとえ、ウィリアム・シャトナーであろうと。

本当に「法則」なのか？

しかし、ここでもう少し詳しく見てみましょう。

ラリー・キングに2006年11月と2007年3月にインタビューされたのに加え、わたしは毎日のように「タイム」誌や「ボトムライン・パーソナル」誌、「ニューズウィーク」誌といった大手誌のインタビューを受けています。みな、引き寄せの法則が本当に「法則」なのかを知りたがります。重力は法則であるという点では同意するくせに、引き寄せについてはまだ、あいまいです。

引き寄せが法則ではないと主張する人びとは、こんな話を引き合いに出します。「重力が働くのはわかる。摩天楼から本を落とすと、地面にぶつかる。これが重力の法則の証明だ」

なるほど。

さらに、話はつづきます。「なにかを引き寄せようとするとき、引き寄せられることもあるが、できないこともある。だから、これは法則ではない」

これには同意できません。

理由を説明しましょう。

なにかを引き寄せようとして失敗したと語るのは、本を摩天楼から落としたときに「どこか特定の地点にぶつけようとして」外した、と語るようなものです。特定の地点を外したのだから、重力は存在していない、というようなもの。

この話は、落下傘兵が戦場の赤い点の上に着陸せず、木に降りてしまったので、重力は存在しないというのにも少し似ています。

どう考えても重力は存在します。特別な場合に、正しく使えないだけのことです。

引き寄せの法則についても同じです。

あなたが新車を「引き寄せ」ることに集中しても原付バイクを引き寄せてしまうのは、法則が効力を発揮していないからではありません。あなたが信じたことそのものを引き寄せたからです。実際には、あなたは新車が手に入るなんて期待していませんでした。もしかすると、自分にそんな資格はないと思ったのかもしれません。そんなものは買えないと思ったのかもしれません。あなたが思ったことがなんであれ、それが引き寄せの法則とかみ合ったのです。

もう一度言うと、引き寄せの法則に例外はありません。では世の中の反対論者はどうかというと、ウィリアム・ウォーカー・アトキンソンが前述の『引き寄せの法則——すべての願いが現実になる』のなかで、実にうまくあらわしています。

この前、わたしはある男と「思考の引き寄せる力」について語っていた。男は、思考が自分になんでも引き寄せることができるとは信じられない、それはすべて運の問題だと語った。男の話は、こうだ。不運が容赦なく自分を追いかけ、そして自分が触れるものはすべて悪化することを知っていた。いつもそうだった、これからもいつもそうだろう、そして自分はそれを予測するようになった。新しいことに取りかかっても、それが悪化し、ぜったいによいことにはつながらないと前もってわかっている。冗談じゃない！　自分の知るかぎり、引き寄せる思考の原理などなにもない。すべては運まかせだ！

――この男は気づかなかったのだ。自分の告白によって、引き寄せの法則に有利な、非常に説得力のある反論を行っていることを。男は、つねにものごとが悪化するほうを予想することで、ものごとがつねに男の予想したように生じることを証明していた。彼は引き寄せの法則のみごとな実例だった――しかし、男自身はそれに気づかず、どんな反論も男にはっきりと判らせてはいないようだった。男は「苦境に立たされて」おり、いつも不運を予測していたためにそこから抜け出る道はなく、そして起こる出来事はすべて、男が正しかったことを証明していて、精神科学もまったく立つ瀬がなかった。

手短に言うと、あなたが持っているものはすべて、あなた自身が引き寄せたものです。この法則に抜け道はありません。免責事項もありません。手にしたものは、引き寄せたもの。

それを、無意識でやっただけのことです。

たいしたことではありません。

気分を悪くしたり、自分を責めたりする必要はないのです。

非難は責任ほど重要ではありません。

ここで大切なのは、目覚めることです。

どうやって？

「キー」を使って。

行動こそが奇跡を起こす

成功とは、来る日も来る日もくりかえされた小さな努力の合計である。

——ロバート・コリエー

わたしの著書『引き寄せのファクター』、または映画『ザ・シークレット』にあるアイデアを使うとき、必ずしもそれをいつも行動に移さなければいけないというわけではありません。時には、ほとんどなにも行動しなくても、あなたが望むことが向こうからやって来ます。しかしたいていの場合は、やはりあなたが「なにか」をやらなくてはなりません。

ラリー・キングの事務所が水曜日の夜に電話をかけてきて、翌日木曜日に2度目の出演をしてほしいと依頼してきたときのことです。わたしはテキサス州オースティンの空港に駆けつけて、ロサンゼルスのCNNに向かうことになりました。番組に間に合わせるためにも、全速力で動かなくてはなりませんでした。これは行動です。けれどもこの場合の行動はやさしいものでした。別の奇跡を引き寄せる自然のプロセスの一環だったからです。

行動に対するわたしの意見は、おおかたとは異なります。『引き寄せのファクター』のなかで、わたしはあなたがやらなくてはならないことを「**インスピレーションを受けた行動**」と呼んでいます。もしあなたが心のなかで助言をえて、電話をかけたり本を買ったり、イベントに参加したり求人に応募したりしようとするのなら、その助言が背中をそっと押してくれたことに敬意をはらうべきです。それに従って行動すべきです。

その軽いひと押しをしたあなたの心の一部分は、もっと大きな事態と結びついています。心の一部分は、目標の達成へとあなたを導きます。インスピレーションを受けたひと押しがあれば、あなたはそれに従って行動しなくてはなりません。

行動に関して、もうひとつ肝心な点があります。自分の望んでいることがクリアになっていて、それを達成するためならどんなことでも喜んでやろうとしている場合は、あなたが起こす行動は努力という範疇ではありません。

以前こんな話を書いたことがあります。わたしの著書の数は、かなりのものです。多くのひとには、これは仕事のようにみえるでしょう。けれどもわたしにとっては、これは努力の範疇ではありません。もちろん仕事ではあるのですが、わたしにとっては呼吸をするのと同じぐらい自然なことなのです。

『ザ・シークレット』を見た多くのひとが行動は必要ではないと信じこまされる、といいます。実際には、わたしは映画のなかでこう語っています。「宇宙はスピードを愛しています。遅れないで。過ぎたことをとやかく言わないで。疑わないで。絶好の機会がそこにあって、やりたいという気持ちがあって、心のなかからひと押ししてくれるものがそこにあるなら、行動すべし。それが、あなたの使命です。あなたがやらなくてはならないのは、それだけです」

行動が必要かどうかは状況によるでしょう。あなたと、あなたの望むこと次第です。たいていの場合は、なにかしら行動が必要なはずです。「キー」のメッセージの一部は、合図に注意をはらって、それが創造主の思し召しのように感じられたら思い切ってやりなさい、ということです。

行動を起こしたとき、奇跡が起きるのです。

行動が実現した「奇跡」の例

ここで、例を挙げてみましょう。

胸のリンパ節の腫れが見つかって、命取りになりかねないと言われたとき、わたしはある意志をはっきり公表しました。わたしの著書『引き寄せのファクター』の第1段階のとおり、自分の望んでいないもの、ここではリンパ節の腫れを利用することで、自分が「本当に」望むこと、つまり健康問題から完全に解放されることを明らかにしようとしたのです。そこでわたしはこう発言しました。「このリンパ節の腫れを消してしまう。そうすれば、わたしはまったくの健康体だ」と。

意志表明するひとの多くは、このあたりでやめてしまいます。ほかのことはやりません。なかには、これ以上なにもする必要のない場合もあります。この意志表明が問題解決に必要な反応を引き起こす場合もあります。けれども、たいていはこのつぎになにかしなくてはなりません。ことの大小はあれど、自分の望む結果を引き寄せるために必要な行動があるものです。

わたしの場合、自分を助けてくれそうな友人たちに宛てて手紙を書こうと、ふと思いつきました。覚えておいていただきたいのは、わたしには手紙を書く論理的な理由などなかったということです。もっともらしい理由をつけるなら、精神的な支えが欲しかったのかもしれません。しかし実際にやったのは、インスピレーションを受けたひと押しに従って動くことでした。行動を起こしたのです。

手紙を書いた相手のひとりが、ブル・ブロッカー社の社長にして『シュガーマンのマーケティング30の法則――お客がモノを買ってしまう心理的トリガーとは』（フォレスト出版／２００６年）をはじめとする数多くの本の著者、ジョセフ・シュガーマンでした。驚いたことに、ジョーは海外の科学者グループとともに、癌を治療し腫瘍を溶解するサプリメントを製造していました。その薬はまだ市場には出回っていないものの、関心があるならわたせるというのです。わたしの喜びを、そしてわたしの興奮を想像してください。わたしは、即座に情報が欲しいと連絡しました。ジョーが送ってくれたレポートの一部を紹介しましょう。

製品はグルタチオンの新結合物です。グルタチオンに馴染みのないひとは、ぜひ知ってください。グルタチオンは自然界で生産される抗酸化成分で、科学論文でも数多く言及されています。これらの研究は、グルタチオンの病気治療能力と免疫向上性の効果を裏づけ、支持しています。ここでは7万件におよぶ論文について語っているのですが、問題がひとつあります。

わたしたちが歳を取るにつれ、身体が生産するグルタチオンは減少します。それも、かなりの勢いで。人間の細胞や身体が遭遇する日々のダメージに対応できるだけの量を生産できなくなるので、追加でグルタチオンを必要とする細胞は死にはじめます。

さらにこの場合、効果的な補充はできません。合成のグルタチオンは注射すると血流のなかで破壊され、経口薬にすると胃で破壊されます。どうやって、グルタチオンの酸化防止力を細胞に届けるまで破壊されずにとどめるかが課題でした。

プロテクタス１２０は、世界初の「被保護」グルタチオンです。手短に言えば、保護されたまま脂溶性物質として胃を通過し、細胞に届きます。細胞は脂溶性なのでかんたんにプロテクタス１２０を細胞壁から吸収し、免疫機能の向上と、若いころに実感できた修復機能とをもたらします。

もちろん、わたしはすぐに製品を送ってもらうようジョーに頼みました。市場になかろうが、在庫がなかろうが、関係ありませんでした（こんにちでは以下のサイトwww.stem120.com/protected-glutathione.htmでプロテクタス１２０について知ることができます）。すぐにジョーは共同開発した科学者たちと連絡をつけてくれました。数日のうちに家に製品が届き、わたしはすぐに服用しはじめました。

もし行動を起こさなかったら、この一連のできごとはなにひとつ起きなかったのです。

しかし、わたしはここでやめたりしませんでした。

顔見知りだったり噂を聞いたりしたヒーラーたちにも連絡を取りました。これまた、インスピレーションを受けたためです。ヒーラーのひとりであるハワード・ウイルズは、電話によるセッションを数回行い、エナジー・ヒーリングをほどこしてくれました。また、アン・テイラーは電話で1時間も治療してくれました。さらに、ジョン・ローパーはわたしへの祈りを捧げてくれました。キャシー・ボールデンは数度にわたる遠距離のヒーリング・セッションを行ってくれました。また、わたしはルーパとディーパックのチャリ夫妻に会いに、サンディエゴのチャリ・ヒーリング・センターまで出かけました。その上にさらに、マルク・ジタールをはじめとする医者たちや、健康コンサルタントでカイロプラクティック医のリック・バレット博士とも連絡を取りました。

とにかく、数多くの行動を起こしたのです。その行動のなかに、恐怖心に根ざしたものがあったことは認めます。言い換えれば、もしわたしが意志の力をもっと信じていれば、ここまでやらなかったかもしれません。しかしいずれにせよ「なにか」はやったでしょうし、それがなんであれ、インスピレーションを受けたひと押しに基づいていたはずです。そう、わたしは自分が歩を進めた結果、リンパ節の腫れが害を及ぼさなくなったと信じています。

「キー」を実践するときは、心のなかからのひと押しに注意してください。それが恐怖に基づくのか愛に基づくのかを、最善を尽くして突きとめてください。もし行動に逆らいたくなったら、おそらくそれは行動を必要とするサインです。本書で「クリアリング」のために段階を踏んだように、自分の望む結果を引き寄せるのに必要なら、あなたはどんな行動でも起こすでしょう。それは自然なことなのです。

最後に、以下のことをよく考えてください。自分の望む結果を引き寄せようとして、つねになにかをする必要はありません。けれども表面に出てくる行動は、なんであれ「意欲的に」やらなくてはなりません。**行動を起こそうという意欲は、あなたが「クリアである」ことのあらわれです。**クリアであれば、望む結果を、あるいはそれ以上のものを手にすることができます。

それが、「キー」の約束ごとです。

富を引き寄せるのは「スピード」

「100パーセント満足よ、ただもっと欲しいだけ！」
——ブリッタ・アレクサンドラ、別名ミス・ブーズィー

さきにお話ししたとおり、宇宙あるいは創造主、神、またはその他もろもろの存在が、アイデアを何人かのひとの精神世界に同時に送りこみます。送り主は、受け取ったひと全員が行動を起こすとはかぎらないとわかっています。見かたによっては、分散投資をしているだけのようにもみえます。

けれどもそのアイデアにのっとって最初に行動を起こすひとが、最初に市場に打って出るひとであり、たいていの場合いちばん多くの利益を手にします。最初のひとがもっとも大きなご褒美を、しかも最初にもらえるのです。ほかのひとたちも遅れて動き、それはそれでうまくやることはできますが、一般的には新しいアイデアを持って最初にゲートを飛び出していったひとが、最初に大金を手にします。

例をあげて説明しましょう。

ある日、友人のひとりが忙しいときに電話をしてきました。彼が残したメッセージによると、大金を生みだす製品のアイデアがあるというのです。そしてメッセージには、かんたんにまとめたアイデアが入っていました。

ここで、冗談のような本当の話をお聞かせしましょう。

友人がメッセージを「残している間に」、なんと、わたしはまさにそのアイデアを「実現しに」出かけていました。

つまり、宇宙は同じアイデアを友人とわたし、そしておそらくあと数人に送ったのです。しかしそのアイデアがわたしに届いたとき、わたしはそれにのっとって行動しました。いち早く。友人を含め他のひとたちがまだ考えている間に、わたしはそのアイデアを実現していました。

前にも言いましたが、またここで言います。**お金はスピードが好き。宇宙はスピードが好き。**

アイデアをもらったら、動け。

あなたがすばやく動かない理由はただひとつ、なにかしらのためらいがあるからです。そのためらいこそ、「クリアにする」必要があります。そこで「キー」の登場というわけです。クリアにする方法がわかっていれば、実践あるのみ。

ここで、心に留めておいてほしいことがあります。わたしの友人は、自分が受けとったアイデアをわたしがすでに実行したと知っても、まったく動揺しませんでした。まだ自分の製品を生み出せるとわかっていたからです。彼は、世の中に不足するものなどないこともわかっていました。友人はわたしを支え、わたしは友人を支えました。

これが一種の「おたがいが得をする」形で、あなたが「キー」を実践すると間違いなく経験できることなのです。

バッグを「引き寄せ」る

別の例を挙げてみましょう。

先週末、わたしのカイロプラクティック医であるリック・バレット博士が、わたしが持っていたソフトレザーのちょっとおしゃれなサドルバッグを見て、自分も同じようなものが欲しいと言い出しました。問題はわたしがそのバッグを１５０ドルで買ったのが1年以上前で、同じものがもうひとつ見つかるとは思えなかったことです。買った店はベルトとバックルの専門店で、そこのバッグはワンシーズンものばかりでした。けれどもわたしは心のなかで、バレット博士のために引き寄せられるかどうかやってみようと自分に言い聞かせました。

それからはそのバッグのことを毎日、最低でも一瞬は考えるようにしました。買った店の男性を見つけたい、そしてバッグについて尋ねたいと自分に言い聞かせました。けれどもそれ以上は首を突っこまずにいました。

しかし昨日、突然1通の電子メールを受けとりました。それはまさに、わたしにあのバッグを売った男性からのものでした。プレゼントとして送ってくれたベルトとバックルをわたしが受けとったかどうか、確認してきたのです。男性とは優に半年は連絡をとっていなかっただけに、驚きました。しかしここで返信するチャンスを手にしたことで、当然のように革のバッグについても訊ねることができました。

返事はすぐに届き、もうバッグは売っていないとのことでした。けれども倉庫にちがうサイズのものがあと2個残っていて、しかも男性はそれをただで譲ると申し出てくれたのです。メールにはこう書いてありました。「りっぱな『引き寄せのファクター』であるあなたに、バッグを差しあげたいのです」

感動にことばもありませんでした。

とはいえ、これこそが、心のなかをクリアにすれば「引き寄せの法則」が働くことの証明になるともわかっていました。自分が持ちたいものをはっきり言う、けれども結果には執着しない。ただ楽しんで口に出せばいいのです。宇宙がチャンスを目の前にぶら下げてくれたら、行動を起こす。まさに、それだけ。

注目してほしいのは、これが三方を得にする話だったということです。

バレット博士がふたつのバッグから好きなほうを選べるだけでなく、わたしも残りひとつをもらえるのですから。

では、バッグふたつをくれるという男性は?

彼にはわたしから、『失われた秘密(The Missing Secret)』と『でたらめ(Humbug)』のDVD、近著『有頂天を買う――セールスとマーケティングの心理学(Buying Trances: New

Psychology of Sales and Marketing)』、それにいくつかサプライズのプレゼントを送ります。

さらに男性には、少なからぬ宣伝効果があります。彼の名前と店のウェブサイトが本書で公表されるのですから――ロブ・マクノートン、アドレスはwww.robdiamond.netです。

これが「引き寄せの法則」の働きです。**心のなかをクリアにすると、自分の望むものが手にはいるばかりか、望んでいると自覚しているものよりもさらにすばらしいものが手にはいるのです。**けれども心のなかがクリアでなければ、壁に頭をぶつけることになります。しかも、同じことで。

昨晩、ブルース・ウィリス主演の人気アクション映画『ダイ・ハード2』がテレビで放映されていました。第1作でテロリストと対峙してなんとか生き延びた主人公が、第2作でも悪人どもと死闘を繰り広げます。ある場面でブルース・ウィリス演じるマクレーン刑事が「なぜ俺がこんな目に遭うんだ！」というせりふを口にしたとき、わたしはテレビに向かってつぶやきました。「それが『引き寄せのファクター』なのさ、兄弟」

「キー」を使ってものごとをクリアにするまでは、刑事は同じことを引き寄せつづけます。自分自身が磁石になっているとは、けっして気づかずに。

クリアにせずにいると、よい映画を生み出すばかりか、ひどい人生も生むことになるのです。

欲求、それは〝エネルギー〟そのもの

許す気持ちは、モノを引き寄せる磁力である。

――キャサリン・ポンダー

わたしの著書を読んだり『ザ・シークレット』を観たりするひとの関心が新車や新居、あるいは幸運といった「モノ」を引き寄せることにあるのを、不思議に思う読者もいるでしょう。どうしてそんな「瑣末で自分本位なモノ」に、と思うかもしれません。

本当のところは、実に多くのひとが不幸だったり不健康だったり、ただ単にだめだったりするので、車や家や仕事、幸福を手に入れるために「キー」を使うのが、彼らに今できる最高の行為だというわけです。また、まさにいま、彼らがやらなくてはならない行為でもあります。自己実現へのステップだとすれば、そう自分本位というわけではないのです。

なかには、「引き寄せの法則」を使うひとの焦点があまりにも「モノ」に偏りすぎだというひともいるでしょう。そういうひとに理解できないのが、**「モノ」と「心」はひとつだということ**

とです。あなたという人間は物質的な存在ですが、あなたの本質は心にあります。あなたが望むものはすべてが「シンボル」——一見すると有形の現実ではあるけれど、実際にはエネルギーで構成されているものなのです。そのエネルギーが「心」です。「モノ」と「心」はコインの裏表。なにか「モノ」を求めることは、モノやあなた自身や、あらゆるものごとの内に秘めた「心」を実感する最初のステップです。

ある地点に来ると、あなたは視点をより高く置くことになります。車が1台か2台欲しいとか、もっと金が欲しいとか、よりよい人間関係が欲しいなどとはっきり表明したあと、あなたは自分の欲求をふくらませはじめます。できないことはなにもない、とわかりはじめます。他人を、さらにはこの地球を救いたいと思いはじめます。すでに世界じゅうで多くのひとが、癌やエイズや貧困、その他もろもろを治すために、「引き寄せの法則」を使っています。

崇高な目的も「引き寄せ」の視野に

オプラ・ウィンフリーがそのいい例です。『ザ・シークレット』のなかで、「引き寄せの法則」を使っていることを率直に認めているとおり、第三世界で歴史に残るすばらしい活動をしています。ラリー・キングも心臓病の財団で活動中です。ヘビー級の世界チャンピオンだったジョージ・フォアマンもまた、青少年更生施設で活動しています。

『ザ・シークレット』の登場人物の多くも、大きな目標を抱いています。

ジャック・キャンフィールドは政治を変えたいと望んでいます。リーサ・ニコルズはアフリカに行ってそこに暮らすひとを助けようとしています。わたしはかつてみずからが経験したホームレスと貧困をなくそうと活動中です。さらに、トレーナーのスコット・ヨークの協力をえて、www.yourbusinessbody.comで自分の肉体と同様に事業を築いていくひとを応援しています。

そのほかにも、あまり知られていないでしょうが、「引き寄せの法則」を使って大きな差を生んでいるひとがいます。シンシア・マンは「レッド・リップスティック・キャンペーン」をたちあげて資金を調達し、癌とたたかう女性がエステを受けて気持ちよくなれるよう、支援しています。女性コメディアンのタミー・ナービーは、応援メッセージを録音して海外に駐留する兵士たちに送り、彼らが愛を感じられるようにしています。

ほかにも例を挙げればきりがありません。

こういう大きな問題を常識的な考えでとらえると、一朝一夕では解決できないかもしれません。けれども確実なのは、こういった問題にも取り組んでいるすてきなひとがいて、『ザ・シークレット』や『引き寄せのファクター』に登場するアイデアを使って、りっぱに仕事をやりとげているということです。

こういった状況の頂点に立つのが「モノの引き寄せかたを学ぶことは、これらのアイデアが働いていると自分自身に証明すること」という考えかたです。仕事がなくても「キー」を使って仕事を手にいれれば、あなたは「キー」が働くことを証明したことになります。自分の家の車庫に車がなくても、この本に載っているアイデアを使って車を引き寄せれば、その新車は、自分にとっての現実を生み出す方法を学んでいるという動かぬ証拠になります。そのときのモノは、あなたが目覚めたときの進化を実証する手段となるのです。

しかし、ここでもっと重要なことがあります。

ほかのひとがなにをしているかを考えるよりも、「自分」がなにをしているかを見つめなおしてください。

「自分」はどのように世界を助けていますか？

「自分」が生み出したり支援したりしているのはなんですか？

この地球をよりよくするために、「自分」はどんな貢献をしていますか？

自分自身のために望むものについて考えはじめるときに、この世のために自分が望むもののことも考えてください。わたしたちはみな、いっしょにこの冒険の旅に出ています。あなたが自覚すれば、引き寄せようとして選ぶものがこの世界を救えるかもしれない。あなたにはぜひ、これまで以上にいろんなことをひっくるめて考えてもらいたいのです。そして考えたときに、崇高な目的も入れてほしいのです。マザー・テレサになれとは言いません。が、あなた自身の世界で善行を積む静かなる天使には、なれるのです。

マハトマ・ガンジーが「あなた自身が、この世で見たいと思う変化となりなさい」と言ったように。

あなたは、なっていますか？

なれる予定ですか？
それはいつですか？

「限界」の概念をとりはらう

社会のことを、有効な行動様式やパラダイムのモデルだと考えてはならぬ。

――ブルース・ゴールドバーグ博士『カルマのキャピタリズム（Karmic Capitalism）』より

多くのひとが、十分なお金がないと不満を言います。

請求書を見て、自分の欲しいものや必要なものを見て、小切手帳を見て、最後にぞっとする自分の表情を見ることになります。

どうすればその金額を払えるのでしょう？

どうすれば家族を食べさせていけるのでしょう？

どうすればもっとお金を「引き寄せ」られるのでしょう？

そのときの気持ちは、あなたにもわかるはず。だれにでも経験のあることです。もしかするとあなたはいま、その状態にいるかもしれません。

しかし、わたしが本当に好奇心をそそられるのは、別の話です。

映画『ザ・シークレット』と登場人物の多くは、お金や有形のモノを引き寄せるたしかな方法を示しています。これは明らかに効果があったようで、かつては銀行の金庫の扉があいていてもお金を見つけられなかったのに、いまでは持てるようになったと、何千通もの感謝の手紙が届いています。

けれども、映画の焦点がお金やモノにばかり集中していると文句をつけるひともいます。独善的だ、エゴだというのです。

でも、あなたは仕事の場で、お金のからまない文化事業の話など耳にしますか?

「金儲けは悪いことだ」

「自分のことに気を遣うのはよくない」

「モノは心ではない」

矛盾に注目してください。お金を欲しがっているくせに、それと同時にお金に意識を集中するのは悪いとか身勝手だとか言って、自分がお金を遠ざけているのです。

自分にとっての「境界」を見つける

映画『ザ・シークレット』のファンのなかにも、これをやってしまうひとがいます。借金を返したり新車を手に入れたりしようとして「引き寄せの法則」を使っても、自分が身勝手だと思ってしまって、わずかなお金しか引き寄せられないのです。その時点で無意識に流れを断ち切ってしまったのに、なにが起こったのか不思議がっているのです。そして、そういうひとも映画を批判しはじめます。

なんとも奇妙な話ではありませんか。

まず、ひとはさきを争ってお金を見つけようとしたり、心配したり、やきもきしたりします。それから実際にお金を引き寄せる方法を学び、いくばくかのお金を手にすると、今度はお金というのは精神的なものではないと文句を言いはじめます。

ちょっと待って。文句を言っているのは、最初のところでお金を望んだひとと同じ人物では？　なぜ、持っていないときはお金はいいもので、手に入れると悪いものになるのでしょう？

これはすべて、人間の思いこみによるものです。「価値観の境界」にぶち当たるのです。わたしの父は、宝くじをよく買います。しかし、くじで百万ドルを当てるようなことがあれば、買うのをやめるそうです。その金額が「多すぎ」て、「そんな多額の金は、ひとをだめにする」からだと言います。

くりかえすと、人間は思いこみと向き合っています。価値観の境界と向き合っています。

以前、あるイベントに出席したとき、ある男性が奥方に電話をかけ、わたしに電話を手わたしました。『ザ・シークレット』に登場するスターを使って奥方を驚かせたかったのです。わたしは電話を取り、名前を名のって、受話器の向こうの叫び声を聞きました。奥方は「セレブ」と会話をして、興奮で気が遠くなりかけたようです。が、それから奥方は、この世界を救うためにわたしがなにをしているかと質問しはじめました。

この女性は『ザ・シークレット』のファンで、望みをはっきり示すことを学んで利用する段階から、いまでは自分が居心地のいい場所におちついてこれ以上なにも望まなくなり、批評する立場にまでなったのです。

なにが起こったのでしょう?

わたしはblog.mrfire.comにブログを書いています。時には自分のお気に入りの車「フランシーン」について書くこともあります。２００５年製パノスのエスペランテＧＴＬＭ、ハンドメイドの高級スポーツカーです。わたしは「フランシーン」をこよなく愛しています。けれどもわたしがこの車について書くのを、だれもが好意的に見てくれるわけではありません。ブログをいつも読んでくれている読者が、つぎのように書きこんできました。


あなたが自分の車のことを書くたびに腹をたてていたものですが、いまになってあなたがわたしの反感のボタンを押していただけだったと気づきました。そのボタンは、わたしの心のなかにあり、あなたにもあなたの車にもなんの関係もないものでした。わたしは裕福とはいえない身なので、他人にひけらかされるのがいやだったのです。いまでは、あなたの「フランシーン」話を楽しんでいます。自分の心の限界を消してくださって、ありがとう。

この読者は、自分の価値観の境界線がわかったのです。いったん気づけば、かんたんにそれを新しいレベルにまで引きあげることができます。

唯一の限界、それは、あなた自身

別の例もあります。『ザ・シークレット』の登場人物の多くは、あなたが目的を果たすのに役立つ製品やサービスを生み出しています。あなたが自分の考えかたをオープンにすれば、そのサービスに感謝することでしょう。でも包み隠していると、そのサービスも単に「商売している」ように受けとられます。

さて、彼らは商売しているのか、サービスしているのか？

どちらも正解で、そしてどちらも不正解。あなたの思いこみかたによります。あなたの価値観の境界によります。あなたが彼らに利用されていると思えば、それは商売になります。商売は悪いことだ、とあなたは考えているのですから。もし彼らに助けられていると思えば、それはサービスになります。サービスはよいことだ、とあなたは考えているのですから。

もう一度言います。要は、あなたの思いこみ次第。とりわけ、自分の価値をどう感じるかという思いこみによって変わります。その思いこみが、本書にもある「クリアになる」方法を使わなくては克服できないような境界を作るのです。

あるセラピストが患者によく言っていた質問を思い出します。

「どれだけ立ち向かっていけますか？」

たいていのひとはほんとうに立ち向かうことが、できていないのです。

「近所のひとはどう思うだろう？」

「家族はどう思うだろうか？」

「それがあまりにもいいことなら、きっとなにか悪いことが起こる」

「わたしなんかに、そんなにいいことが起きるはずがない」

「あまりにもいいこと過ぎて、長くつづかない。きっとまたみじめになる」

「自分が幸せなら、この地球を救うことなどしない」

これらはすべて、可能性を制限する思いこみなのです。

あなたの人生はすてきです。実にすばらしい。しかし、人間というのは居心地のいいレベルに到達すると、それを越えようとしないことが非常に多いのです。なぜでしょう？　それはみずから設定した限界のせいです。自分の価値観の境界線のせいです。

あなたは『ザ・シークレット』やわたしや他人、世間などについてもっともらしい理由をつけたり批判したりして、自分を欺きます。けれども結局は、あなた自身が自分を制限しているのです。

わたしはみなさんに、いったん「キー」を使ってクリアになれば、手に入れられなかったり、できなかったり、なれなかったりするものはそれほどない、と言いつづけています。実際、限界があるとは思えないのです。あるとすれば、それはいまの現実の理解力に基づいたものであって、それだってわたしたちができるところまでバーを上げつづけると、変わっていくものなのです。あなたが目指すのはつねに「幸せ」であるべきで、それをわたしは精神の目覚めと呼んでいるのですが、そこに至るまでの唯一の限界は、あなた自身です。

さて、どれだけ立ち向かっていけますか？

神のように考える

あなたがほんとうに信じるものごとは、つねに起こります。思いこみが起こさせるのです。
――フランク・ロイド・ライト

本書では、ものごとをクリアにして目覚めさせ、あなたが意識して「引き寄せの法則」を引きつけるための10の方法を示し、説明していきます。それぞれのメソッドはあなた自身で仕上げられるようにまとめてあるので、これ以外の書物や指導者はいりません。わたしは本書を独立したツールとしてまとめました。あなたが自己改革するにあたって、1冊で用が足りるような本にしたいのです。

本書の指示をどんなふうに感じてもだいじょうぶ。最初はまず、小説を読むときのように前からうしろへ読むことをお勧めします。なにかが書いてあるかを感じとれるからです。そのあとは、あなたを引きつける好きなテクニックのところに飛んでかまいません。自分を信じて、プロセスを楽しんでください。わたしの経験からいうと、おもしろいことをやるのがよろしい。

おもしろいと思えないものをやらなければならないのなら、ものの見かたを変える方法を見つけるか、ほかにおもしろいと思えるものを見つけましょう。自分が成長できるかどうかは、他人まかせにはできません。その時々で自分にとっていちばん興味をそそるメソッドを選べばいいのです。選択肢があるのです。

「クリアリング・メソッド」をはじめる前に

「キー」に深く首を突っこむ前に、これまた言っておきたいことがあります。この魔法と奇跡の人生への冒険をサポートしてほしいなら、「奇跡のコーチング」プログラムを検討しましょう。ウェブサイトwww.miraclescoaching.comに詳細がのっています。もう一度言うと、本書はこれだけですべてがすむようにまとめてあります。が、読み進めていくうちにわかると思いますが、この「奇跡のコーチング」のサポートが変化のプロセスを加速できる場合もあります。ちなみに、アラン・デウッチマンの『変化か死か（Change or Die）』のなかでは、長つづきする変化を生みだすための第1段階は、サポートチームをもつことだと語られています。

この本にあるメソッドを始める前に、あなたがどんなふうになりたいか、なにをしたいか、なにを手に入れたいかを書き留めましょう。ここが大切です。自分の決意をあらわしたら、目標に向かって努力できるよう、頭のなかを整理します。「引き寄せの法則」を引きつけるのです。

しかし、不思議な出来事も起こります。あなたは宇宙、つまり人智の及ばない偉大な力を持つものに、自分の望みを伝えます。するとそれはあなたに望んでいるものをもたらしはじめるばかりか、望んでいるものを引き寄せやすい状況にしてくれます。また、あなたが望むものを引き寄せているときにじゃまなものを引きとめてくれるので、あなたは障害物を乗りこえていけるのです。

これは往往にして魔法のように感じられるでしょうが、実はちがいます。魔法ではなく、引き寄せたいと思う経験に自分自身を調整して合わせる、**宇宙の自然の法則を使っている**のです。大きなことを考えるのを忘れないでください。わたしの著書『人生の失われた使用説明書（Life's Missing Instruction Manual）』にも書きましたが、わたしのお気に入りの格言は16世紀のラテン語「Aude aliquid dignum」、訳して「価値ある危険は冒せ」です。

さて、あなたがあえて危険を冒してでもやりたいこと、それはなんでしょう？ 思案している間、以下のことも考えてみてください。以前著した『史上最高の金儲けの秘密（The Greatest Money-Making Secret in History）』で、わたしはみなさんに「神のように考える」よう提案しました。どういう意味かと思うでしょう。もしあなたに、なにかをしたり、なにかになったりという力があるとしたら、どうしますか？ 覚えておいてください。神に限界はありません。神のように考えるとき、なにか気に病むことなどあるでしょうか？ 言い訳を考えたりするでしょうか？ このアイデアは、あなたが引き寄せたいと願う人生をじっくり考えるさいに、神の「ふり」をするということです。

これらのことを勘案したうえで、あなたはなにを望みますか？
以下のスペースに書きこんでみてください。

この世を見るためにわれわれが選んだ方法が、われわれが見ているこの世をつくる。
――バリー・ニール・カウフマン

すべてのことはかならずかなう

自分にはできないということを知らなければ、できる。自分ができると知らなければ、できない。
――ジーン・ランドラム『スーパーマン・シンドローム(The Superman Syndrome)』より

あなたの背中をほんの少し、押しましょう。目標と願望のリストに目を通して、自分自身に問いかけてください。自分は正直なのか、と。言いかえると、本当は望んでいるのにリストに載せていないことがあるのではないですか? 無理だと思ってしまったり、実現のしかたがわからないからという理由で。

ここでのアイデアは、これまでよりも大きく考えてみよう、ということです。そして同じように、ほかのひとのことも考えてみましょう。意志というものは、他人を助けるという意味を含むと、より力を発揮することが往往にしてあります。たとえば、自分のためにもっとお金が欲しいというよりも、自分と自分の家族のためにお金が欲しいというほうが効果的です。

ピーター・レスラーとモニカ・ミッチェル・レスラーの著書『こころの資本主義(Spiritual

Capitalism)』によると、アルベルト・アインシュタインはこう語ったそうです。「人間は、自分自身を、思考を、そして感情を、ほかから切りはなされたものとして体験する。それは自意識についての、一種の錯覚である。この錯覚はわたしたちにとっては牢獄で、個人的な欲望やいちばん身近な人びとへの愛情に、わたしたちを縛りつける。わたしたちの務めは、この牢獄からみずからを解放することだ。それには共感の輪を広げて、すべての生きとし生けるものと自然全体を受け入れなければならない」

世界に平和を、飢える者に食べ物を、ホームレスに住まいを、といった大きく価値ある理想に、なんら悪いところはありません。一見したところは不可能にみえますが、わたしは奇跡を信じています。なんだって可能だと信じています。そこに例外はありません。実現する方法を知らないかもしれないし、これまでだれも成し遂げたことがないかもしれないけれど、それはできない理由にはなりません。あなたは、とにかくなんであれ、なおしたり解決したり、できるひとになれるかもしれないのです。

ではつぎのスペースに、嘘いつわりなく正直な目標を書きましょう。もう一度言いますが、実現できるかどうかは気にしないように。いったん書きこんだら、あなたはそれを引き寄せる可能性について考えはじめるでしょう。本書のさまざまな「クリアリング・メソッド」を実践したあとは、あなたは奇跡を引き寄せる道のりを歩んでいることでしょう。

さあ、次ページのスペースか日記に、自分のいちばん大きな決意を書きこんでください。

幸せな気分で読みかえせば、奇跡もすぐそこに！

Part 2 : The Methods

第2部
「欲求実現への扉」を開く10のメソッド

あなたは、あなた自身の人生が生み出した「傑作」です。あなたはあなたの人生におけるミケランジェロであり、いま彫りあげつつある「ダビデ像」はあなた自身なのです。

―― 著者ジョー・ビタリー(映画『ザ・シークレット』より)

クリアリング・メソッド❶

「いまここにある奇跡」に気づく

幸福かどうかは、周囲の状況ではなく、心のありかたによって決まる。
——ベンジャミン・フランクリン

主催する自己啓発プログラムの運営スタッフに会うため、テキサス州のオースティンへ行ったときのことです。目的は彼らにある話をすることだったのですが、滞在中、思いがけない知らせを受け取ることになりました。

午前中、朝の大型ニュース番組『トゥデイ』の制作スタッフから電話があり、まもなく出版されることになっていた『ゼロ・リミッツ（Zero Limits）』について情報を求められました。これもかなりのビッグニュースではありますが、そのあとにやってくる「思いがけない知らせ」ほどではありません。

昼前に、著書、電子ブック、オーディオ、ビデオ、ソフトウェア、フィットネスプログラムなど、これまでの仕事をすべてリストアップした45ページにも及ぶ著作目録を番組宛てに送りました。その分量には、わたし自身あらためて驚いたほどです。

しかし、その驚きも、あとでやってくる「思いがけない知らせ」には及びませんでした。

スタッフとのランチの席で、わたしは立ちあがり、予定していた話をはじめました。まず、ホワイトボードにマーカーで小さな丸を描き、こう言いました。

「きみたちはいま、ここにいる」

そして、このホワイトボードをショッピングモールなどにある案内図だと思ってほしいと言いました。小さな丸や四角で現在地が記されたあの地図です。

「みんなは、ここからどこへ行きたい？」

「上ですね」。だれかが言いました。

「ホワイトボードよりもっと上へ」。別のだれかが言いました。

「なるほど。みんな上を目指したいんだね。売上を伸ばして、さらに業績をあげて、もっと豊かになりたい。そうだね？」

全員がうなずきました。

わたしはつぎに、最初の丸のまっすぐ上、ホワイトボードの上端ぎりぎりのところに、もうひとつ別の丸を描きました。

「これがみんなの行きたいところだとしよう」

そして、もっとも重要なことを訊きました。「いまいる場所から、この場所へは、どうやって行く？」

しばしの沈黙のあと、彼らは口々に言いはじめました。「まっすぐに最短距離で行く」「できることをひとつずつやっていく」「営業電話の数を増やす」

「なるほど」。わたしは言いました。「どれも現実的な答だね。でも、いまは、映画『ザ・シークレット』やぼくの本『引き寄せのファクター（The Attractor Factor）』の視点で考えてほしいんだ」。そして、こう宣言しました。

「今日はみんなに、ほしいものを手に入れるための最大の秘訣を教えようと思う」

みんな、黙り込んでしまいました。こちらの意図をはかりかねていたのでしょう。

「だれも知りたくないの？」

わたしの言葉に、スタッフたちはいっせいに吹き出しました。もちろん、知りたいのです。わたしは最初に描いた「現在地」を示す丸を指さして言いました。「ほしいものを手に入れるための最大の秘訣は、いまこの瞬間に心から感謝することなんだ。この瞬間をありがたく思うと、つぎがおのずとやってくる。なんらかの行動を起こすよう促されるんだ。それが自分をさらに上へと導くことになる。上にある丸に到達する唯一の道は、この丸、つまり、いまこの瞬間を感謝の気持ちをもって生きることなんだよ」

いま、満足すること

この理論がスタッフたちにとってとくに耳新しいものでないことはわかっていました。それでもあえてテーマにしたのは、彼らにほんとうの意味で理解してほしかったからです。わたしは、ハワイのマウイ島に住む友人、ブーズィーの話をしました。彼女のせりふ、「わたしは十分に満足しているわ。ただ、もっとほしいだけ」は、最近、わたしがいちばん気に入っている言葉です。

そして、この考え方こそが成功への鍵なのです。**それ以上を必要とせずに、それ以上を求めること**。

わたしたちの多くは、いまの状態に満足していません。「もうひとつの丸」に到達できれば幸せになれると思っています。しかし、実際には、もうひとつの丸に到達してもけっして満足はしないのです。すぐにまた、別の場所を求めるようになります。不満を前進するための鞭にしているのです。これでは、いつまでたっても幸せにはなれません。

いま、満足すること——それが成功への鍵です。

奇跡は、いま幸せなひとにもたらされます。

わたしの言いたいことはスタッフたちに伝わったようでした。みな笑顔でわたしの手を握り、目をきらきらさせて帰っていきました。

さて、「思いがけない知らせ」は、その直後に入ってきました。

ランチミーティングが終わるや否や、アシスタントのスーザンから電話がありました。スーザンはふだんめったに電話をよこしません。その彼女から、まだミーティング中であるかもしれないわたしに電話がきたのです。なにか重要な用件であることは間違いありませんでした。

電話を受けると、オプラ・ウィンフリーのスタッフからわたしに関する資料を求められたとのことでした。

どうも、わたしを彼女の番組に呼ぼうとしているらしいのです。

オプラのショーに！

おわかりでしょうか。わたしはそのとき、すでに十分幸せでした。すると、つぎの瞬間、新たな幸せが向こうからやってきたのです。いま幸せであることが、あらたな幸せを生み出すのです。

これはわたしに限ったことではありません。オプラからの電話こそないかもしれませんが、あなたはあなたにふさわしい「つぎ」を手にすることになります。これについてはわたしの著書『ゼロ・リミッツ』で詳しく述べていますが、要点はつまり、こういうことです。

「現在地」に感謝の気持ちをもって立ち、その場所がしろと言うことをする。

そして電話が鳴ったとき、迷わず受話器をとること！

真の奇跡はいまここにある

感謝することの重要性は、強調してもしきれません。クリアリングを行い、求める奇跡を起こすために、「感謝」はきわめて重要な要素となります。

『暗示で勝利をつかむ（Winning Through Intimation）』『自分本位に（Looking Out for #1）』

など多くのベストセラーを出しているロバート・リンジャーも、自身のテレビセミナーでわたしにインタビューした際、感謝が成功への切符であることに同意していました。

なにかに対し感謝の気持ちをもつと、たとえそれが鉛筆１本に対してであっても、あるいは、この本や、履いている靴下に対してであっても、あなたの内側に変化が起こります。すると、感謝したくなることがさらに引き寄せられてくるのです。

はじめて『ラリー・キング・ライブショー』に出演したとき、友人であり、『こころのチキンスープ』シリーズ（ダイヤモンド社／１９９５年）や『絶対に成功を呼ぶ25の法則』（小学館／２００６年）の著者であるジャック・キャンフィールドが、『ザ・シークレット』の出演者のひとり、ジョン・ディマティーニのエピソードを語ってくれました。ジョンは毎朝、感謝の涙が頬を伝うまでベッドを出ないそうです。それほどまでの強烈な感謝の気持ちではじまる１日は、さぞかし充実していることでしょう。


昨日、サンアントニオで大好きな友人に会い、人生や精神性についてとりとめのない話をして過ごしました。わたしは彼に、多くのひとはその瞬間を生きていないと言いました。彼らは常に、つぎの契約、つぎの車、つぎの家、つぎの昇給について考えていて、パワーの基点、つまり、**真の奇跡がいまここにある**ということに気づいていないと。

「つぎのなにか」が幸せにしてくれるというのは、幻想にすぎません。もちろん、人生というゲームの一部であることが認識できているかぎり、「つぎのなにか」を追い求めるのはけっして悪いことではありません。でも、多くのひとは、それが永遠につづく幸せをもたらしてくれると考えています。それは大きなまちがいです。「つぎ」を手に入れたとたん、また新たな「つぎ」が必要になり、いつまでたっても満足することはないのです。幸せは、いま満足することによってのみ得られます。いまに十分満足しながら、遊び心でさらに求めるのです。必要だからではありません。依存からでもありません。よって執着もありません。**あるのは、いまの状態に対する感謝だけ。そのうえで、さらなる幸福を歓迎するのです。**

わたしは友人に、アダム・サンドラー主演の映画『もしも昨日が選べたら』の話をしました。主人公の男は不思議なリモコンを手に入れ、人生を早送りしていきます。そうして人生の終盤まできたところで、人生そのものを生き損なったことに気づくのです。

わたしはつねに、いまいる場所から立ち去らないよう努力しています。そう、いまでも努力しているのです。わたしも多くのひとと同じように、学びの途上にいます。現在地にしっかり立っていまこの瞬間を生きるために、精いっぱい努力しています。そうすることで、つぎがおのずとやってくることを知っているからです。この瞬間に100パーセント参加していると、つぎの瞬間はたいていさらにすばらしいものとなるのです。

また、現在地にしっかり立っていると、よいことをより多く引き寄せ、より長く楽しむようにもなります。幸せの鍵は、いまいる場所に自覚と感謝の気持ちをもってしっかりと立つことなのです。

このクリアリング・メソッドをひとことで言えば、「感謝の気持ちをもっていまこの瞬間を生きる」ということになります。すると、あなたは感謝したくなるものをさらに引き寄せるようになります。これは、「キー」を使うためのきわめて重要な秘訣です。すべては「感謝」からはじまるのです。

あなたはおそらく、こんなに支払いに追われていては、あるいは、こんなに体が痛くては、こんなに心配ごとがあっては、とても感謝の気持ちなどもてない、と思っていることでしょう。しかし、だれにもかかならず、なにかしら感謝できるものがあるはずです。結局は、それを見ようとするかしないかの問題です。たとえば、この本に出会ったことに感謝してもいいのです。頭の上に屋根があることに感謝してもいいのです。あるいは、友達に、いま座っている椅子に、命があることに——。なにに対してでもかまいません。まずは感謝の気持ちをもつことです。なぜなら、それこそが奇跡を呼び寄せるいちばんの近道だからです。

さらにいえば、感謝の気持ちをもてば、奇跡がもうすでにはじまっていることに気づくはずです。ソクラテスはこう言っています。「いまもっているものに満足しない者は、ほしいものを手に入れても満足はしない」

カークという少年

つぎの話を聞けば、きっとあなたにもいますぐ感謝の気持ちがわいてくるのではないでしょうか。

3年ほど前、『「できる人」の話し方&心のつかみ方』(阪急コミュニケーションズ/2005年)など多くの著書をもつケビン・ホーガンを通じて、生後数週間で小児脳卒中に見舞われたカークという男の子のことを知りました。

ケビンの依頼を受け、わたしはカークの医療費のために資金集めを行いました。何度かの手術と治療を経て、カークは少し動けるようになり、笑顔をたくさん見せるようになりました。母親がカークにかわって、彼の写真と「アイ・ラブ・ユー」のメッセージをeメールで送ってきてくれます。写真を受け取るたびに、わたしはほほえまずにいられません。先日も新しい写真が送られてきました。カークの屈託のない笑顔には伝染性があります。わたしは数分間じっとその写真を見つめたまま、愛にあふれた彼の魂に引き寄せられていくのを感じました。

カークのような純粋で美しい存在の力になれることを、わたしはとても幸せに思います。彼はいまこうして生きていることをただひたすら喜んでいるように見えます。彼からは、不平も不満も恨みもいっさい感じられません。

なぜカークのような子が、この世に生まれてすぐにこのような試練を受けることになったのでしょう。前世の報いでしょうか、輪廻でしょうか、それとも――。

これは天が与えたテストなのかもしれません。ただし、カークにではありません。彼はいま、仏陀のように穏やかで幸せそうなのですから。テストはおそらく、あなたやわたしに与えられたのです。カークの身に起こったことによって試されているのは、わたしたちなのかもしれません。成長を求められているのは、カークではなく、わたしたちの方なのかもしれません。

実を言うと、わたしにもほんとうの理由はわかりません。ただ、人生のなかで経験することはすべて自分が引き寄せたものであり、それにどう向き合うかもすべて自分次第だということはわかっています。だから、わたしは自分にできることをするのです。カークの医療基金へ寄付をすることによって、また、こうして著書やブログで彼について語ることで、彼の力になろうと思っています（カークのウェブサイトをぜひご覧ください。www.amazingkirk.com）。

カークの人生に思いをはせてください。そして、あなた自身の人生をふりかえり、なんの不満があるのか自問してください。まずはにっこりほほえんでみましょう。あなたのまわりには感謝できることがたくさんあるはずです。

ここで、このクリアリング・メソッドを実際に体験してみましょう。つぎのスペースに、もしくは自分の日記に、あなたがいま感謝できることを書いてください。いくつもあがるかもしれないし、たったひとつの体験かもしれません。思いつくこと、思い出したこと、なんでもけっこうです。書き出してみましょう。

クリアリング・メソッド❷

内なる思いこみを変える

一見そうは見えないかもしれないが、不幸せなひとは、それを望んで、あるいはそうなることを選んで不幸せになっているのだ。
——ブルース・ディマルシコ

この世は思いこみによって動いています。あなたの身に起こること、あなたが手に入れるものは、すべてあなたの内なる思いこみがもたらしたものです。つまり、思いこみが変われば、結果も変わるということです。では、思いこみはどうやって変えればいいのでしょうか。

クリアになるためのきわめて有効な方法のひとつに、「オプション」と呼ばれる問いかけのテクニックがあります。ブルース・ディマルシコが考案し、『幸福学のすすめ』（早川書房／1999年）の著者、バリー・ニール・カウフマンが世に広めたものです。わたしはブルースとは面識がありませんが、バリーとは学友でした。また、ブルースのほかの教え子たちともいっしょに学んでいます。『トラベリング・フリー（Travelling Free）』の著者、マンディ・エヴァンスもそのひとりです。

マンディとは30年以上のつき合いになります。自分がクリアでないと感じると、わたしはすぐに彼女のオプション・セッションに予約を入れます。彼女には、お金、健康、人間関係など、さまざまなことについて、思いこみを手放す手助けをしてもらいました。妻が亡くなったとき、わたしはマンディに電話しました。体重を減らしたかったとき、収入を増やしたいと思ったとき、わたしはマンディに電話しました。

マンディ自身、すばらしいひとですが、彼女の用いるメソッドがまた非常に優れたものなのです。それは愛をベースとしたごくシンプルな問いかけのプロセスで、**あなたがなぜ幸せでないのかを探り出します**。

望むものが手に入らないとき、ひとはなんらかの感情を抱きます。怒り、欲求不満、悲しみ、失望、憂鬱、いろいろあるでしょう。これらはすべて、「不幸せ」の形のひとつです。

マンディは、問いかけのプロセスを通して、あなたがなぜいまそのように感じているのかを突き止めます。原因が明らかになると、あなたは内なる思いこみを手放します。**思いこみを手放すと、あなたは自由になります**。そこではじめて、奇跡が可能になるのです。

本書を書くにあたって、わたしはマンディにメソッドの説明を依頼しました。以下は、彼女が書いてくれたものです。

不幸せを問いただすためのオプション・メソッド・ダイアログ

マンディ・エヴァンス　©2007

人間関係からお金のことまで、人生のすべての問題は改善できます。それを邪魔する隠れた思いこみを暴くことさえできれば。その思いこみがなんであるかがわかれば、それをあらためて検討し、自分にとってほんとうに正しいかどうかを判断することができます。恐れ、怒り、罪悪感など、あなたを苦しめている感情は、それを引き起こしている内なる思いこみを見つけ出し、取り除くことによって、解消されます。

周囲の状況を変えようといくら頑張っても意味はありません。あなたの前進を妨げているのは、内なる思いこみなのですから。

自分の可能性を制限する自滅的な思いこみこそが、不幸せの原因であり、自分がほんとうに求めているものを知り、それに向かっていくことを妨げているのです。思いこみは、あなたが立てるすべての目標に影響を与え、あなたが抱く夢までも制限します。

幸せで心がクリアなとき、ひとは怒りや恐怖のなかにいるときとはまったく異なる選択をし、まったく異なる行動をとります。そして、まったく異なる過程を経て、まったく別の場所へと至るのです。

オプション・メソッドは、幸せの障害となっている内なる思いこみを見つけ出し、取り除きます。このメソッドの中心となるのが、オプション・ダイアログ、いわば、思いこみに関して自分自身に行うインタビューです。

まずは、ありのままの自分を受け入れることからはじめます。自分の感情や思いこみを探っていくときに、自分に対して批判的な視線を向けると、心は本音を語ってくれません。たっぷり時間をかけてください。そして、自分の気持ち、自分の思いこみにじっくりと耳を傾けてください。質問はいずれもひとつ前の質問の答を受けたものとなっています。答を書きとめると、より効果的です。ダイアログを日記につけておけば、あとで自分のなかの変化をふりかえることができます。

また、ある程度の混乱を覚悟することも必要です。思いこみが変わると、それまで真実だと思っていたことが崩壊し、新たな真実が生まれます。これはかなりの戸惑いを伴うものです。ときに、質問と答が堂々巡りをしているように感じられることがあるかもしれません。あくまで自分自身の感情、自分自身の思いこみについて問いかけ、答えていくと、質問の意図もより明確に見えてくるはずです。

以下は、オプション・メソッドの６つの基本的な質問です。

１　あなたが不満に思っていることはなんですか？

必要に応じて、「不満」を「怒り」「罪悪感」「不安」などに置きかえてください。

こう問いかけることによって、自分の感情とその対象を明確にします。

2　どうしてそれが不満なのですか？

あなたがその感情を抱くに至った「理由」は、感情の対象そのものとは別です。「理由」はあなたのなかにあるもの。つまり、「思いこみ」です。

3　もしそのことについて不満を感じるのをやめたら、どうなることが心配なのですか？

妙な質問に思えるかもしれませんが、こう問いかけることによって、いま抱いているその感情が消えることに対するあなたの恐怖心や不安が明らかになります。ひとはしばしば、たとえそれが辛いものであっても、それまで抱いていた感情を手放すことをためらうのです。

4　ほんとうにそう思いますか？

5　どうしてそう思うのですか？

6　そう思うのをやめたら、どうなることが心配なのですか？

ひとはしばしば、たとえそれが自分の可能性を制限し、幸せになるのを妨げていることが明らかであっても、長く抱いてきた思いこみに執着するものです。あなたはなにを心配しているのですか？　いまでもまだ、そのとおりだと思えますか？

例として、わたしが自分に対して行ったオプション・ダイアログを紹介しましょう。たった3つの質問で、わたしの気持ちと人生は劇的に変わりました。わたしは以前、世界に飢えた人びとがいるということが辛くてしかたありませんでした。感情の対象となっていることがすでに明らかだったので、ふたつ目の質問からはじめました。

なぜそれが辛いの？

答　だれも気にとめないから。みんなまったく関心をもとうとしない。

もし辛いと思うのをやめたら、どうなることが心配なの？

答　わたし自身、なにもしようとしなくなる。

ほんとうにそう思う？

答　ノー！

この質問をしたとたん、辛ければ辛いほど、かえってなにもしなくなることに気づきました。実際、辛くてやりきれなかったとき、わたしは飢えているひとたちのことを考えることすらいやだったのです。考えることすら避けていたのですから、当然、行動を起こすこともありませんでした。

それに気づいた瞬間、すっと気持ちが軽くなりました。わたしはいま、以前よりずっと積極的に行動するようになりました。ひんぱんに寄付をし、現状を改善する方法はないかと常に模索しています。

これまでの人生で学んだすべてのことのなかから、アドバイスとしてなにかひとつ、みなさんに伝えるとしたら、わたしは迷わずこう言うでしょう。不幸せの理由をつねに自分に尋ねなさい。ネガティブな感情をそのままにしてはいけません。

人生というゲームにおいて、幸せは最高の賞です。しかもそれは、自分で自分に授与できる賞なのです。

あなたの幸せを祈っています！


ではここで、さっそくマンディのメソッドを実践してみましょう。自分がなりたいもの、あるいはしたいこと、手に入れたいものについて考えてください。あなたはまだそれを引き寄せることができていません。そのことについてどう感じていますか？　いま抱いているその感情について、自分自身に問いかけていきましょう。

1　あなたが不満に思っていることはなんですか？
必要に応じて、「不満」を「怒り」「罪悪感」「不安」などに置きかえてください。こう問いかけることによって、自分の感情とその対象を明確にします。

2　どうしてそれが不満なのですか？
あなたがその感情を抱くに至った「理由」は、感情の対象そのものとは別です。「理由」はあなたのなかにあるもの。つまり、「思いこみ」です。

3　もしそのことについて不満を感じるのをやめたら、どうなることが心配なのですか？
妙な質問に思えるかもしれませんが、こう問いかけることによって、いま抱いているその感情が消えることに対するあなたの恐怖心や不安が明らかになります。ひとはしばしば、たとえそれが辛いものであっても、それまで抱いていた感情を手放すことをためらうのです。

4 ほんとうにそう思いますか？

5 どうしてそう思うのですか？

6　そう思うのをやめたら、どうなることが心配なのですか？
ひとはしばしば、たとえそれが自分の可能性を制限し、幸せになるのを妨げていることが明らかであっても、長く抱いてきた思いこみに執着するものです。あなたはなにを心配しているのですか？　いまでもまだ、そのとおりだと思えますか？

いかがですか？　心のなかが、だいぶクリアになったのではないでしょうか。まだなにかが滞っている場合、あるいは、新たな感情がわきあがってきた場合は、そのまま同じプロセスをくりかえしてください。オプション・メソッドは、エネルギーの停滞を解き、可能性を制限する思いこみを手放すための、とても手軽な方法です。**心が自由になると、「キー」が鍵穴にはまり、ほしいものを引き寄せるためのエンジンが始動するのです。**

クリアリング・メソッド❸

隠れた思考を分解整理する

だれもが真実と言われているものを真実だと思って行動したら、進歩は望めない。
——オーヴィル・ライト

「キー」とは、つまり、ほしくないものを引き寄せている隠れた思考や思いこみを「クリアにすることです。あなたはこんなことをつぶやいてはいませんか? 人生のパートナーを求めているのに、いつも好みじゃないひとばかり引き寄せてしまう。理想の住みかを求めているのに、引っ越す先はいつも気に入らない家ばかり。やりがいのある仕事を求めているのに、能力を生かせない仕事ばかり与えられる。

実は、あなたが引き寄せているものこそ、あなた自身が自分にふさわしいと思っているものなのです。ほんとうにほしいものを引き寄せるためには、その隠れた思考パターンを変える必要があります。

あなたの人生を動かしているのは、あなたのなかの隠れた思いこみです。思いこみは無意識のものです。でも、然るべき方法を用いれば、それを意識上に浮かびあがらせることができます。ここでは、認知心理学の分野から、隠れた思考を明らかにする方法を紹介しましょう。

説明はラリナ・ケース博士にお願いすることにしました。ラリナとわたしは、電子ブック『自己破壊行動をやめる方法——電子ブックを書きたいひとのために（How to End Self-Sabotage for Aspiring E-Book Authors)』を共同執筆しました。以下は、彼女が本書のために書いてくれたものです。

認知療法を使った、クリアになるための5つのステップ

ラリナ・ケース博士

アーロン・ベック博士が考案し、40年にわたる研究に裏づけされた認知療法は、思いこみをクリアにするのにたいへん有効な方法です。認知療法においてもっとも重要な要素となるのが、思考、感情、行動、そして生物反応です。これらがからみ合って、気分や行動を引き起こします。ここでは、認知療法に基づいた、クリアになるための5つのシンプルなステップを紹介しましょう。

ステップ1　まずは、あなたを苦しめているネガティブな思考を見つけます。それを紙に書いてください。この作業は、いわば虫取り網で蝶を捕まえるようなものです。思考はすばやく身をかわし、網をすり抜けていきます。しかも、そのような思考が存在することすら自覚できていない場合がほとんどです。思考は、しっかりと意識してはじめて変えることができます。思考をとらえることが難しい場合は、気分の変化に注意してみてください。気分（機嫌、心のムード）が変わったら、すぐに自問してみましょう。「いま、自分はなにを考えただろう」それが、あなたの取り組むべき思考です。

ステップ2　つぎに、証拠物件を調べる陪審員になったつもりで、自分の思考に向き合います。その思考を正しいと決めつけず、信憑性を判断するための証拠を集めます。紙を1枚用意し、3つの欄に分けます。**最初の欄のいちばん上に「感情的思考」、2番目の欄に「この思考が正しいという証拠」、3番目の欄に「この思考が正しくないという証拠」と書きます。**そして、それぞれの欄に、思考の内容と、それを支持する証拠、それに反する証拠を書き出していきます。善し悪しは問わず、とらえた蝶を純粋な好奇心から観察するような気持ちで書いていきましょう。

ステップ3　思考の信憑性をさらに確かめるために、行動による実験を行います。たとえば、あなたの思考が、「人前で話すと、いつもばかげたことを言ってしまう」というものであるとしたら、何度も人前で話すことによって、それがどれだけ真実であるかを確かめます。あなたはほんとうに「いつもばかげたことを言ってしまう」でしょうか。このステップは、苦手だと思っていることをあえて練習するよい機会にもなります。回を重ねるごとに恐れる気持ちが薄れていき、**心配していたことが起こらなければ、そのたびに自信が増していきます**。

ステップ4　集めた証拠と行動による実験の結果に基づいて、あなたの思考がどれだけ正しいかを判断します。**恐れていた結果はどのくらいの確率で起こったでしょうか**。実際のところ、あなたを苦しめている思考が現実になることはほとんど、あるいはまったくなかったのではないでしょうか。もし、現実となる可能性が高いと思えるなら、万が一そうなった場合にどう対処するかを自問してみましょう。きっと、自分にはその状況をうまく切り抜ける能力があることに気づくはずです。

ステップ5　最後に、自分を苦しめている、あるいは自分に限界を課しているその思考が、不要なものであることを自覚します。それはなんの役にも立っていません。ただし、無理に抑え込んだり、抵抗したりはしないでください。なにかをいやがればいやがるほど、わたしたちはその「なにか」を引き寄せてしまいます。抑えこもうとすれば、思考はかえってしつこくよみがえってきます。**ネガティブな思考には、執着せず、かつ、逆らわないこと**。

もし、この先戻ってくることがあっても、慌てることはありません。不要であることはもうわかったのです。そのまま流れ去るのをただ静かに見送りましょう。蝶を逃がすように――。

これで、クリアリングは完了です。

つぎのスペースに、あるいはあなたの日記に、ラリナのメソッドを使ってあなたの抱える問題と向き合ってみましょう。

クリアリング・メソッド❹

読むことでみずからを催眠誘導する

すでに知っているのに、知っていることに気づいていないなにかがある。知っているのに知っていることに気づいていなかったものがなんであるかを悟った瞬間、ひとは動き出せるのだ。

——ミルトン・Ｈ・エリクソン

きわめて有効なクリアリング・メソッドのひとつに、「**読むこと**」があります。そうです。いままさに、あなたがしていることです。

視野を広げてくれる本を読むことは、思いこみや固定観念を手放すのにとても役立ちます。たとえば、ロンダ・バーンの『ザ・シークレット』（角川書店／２００７年）、クロード・ブリストルの古典『信じるという魔法（The Magic of Believing）』、デビー・フォードの『「嫌いな自分」を隠そうとしてはいけない』（日本放送出版協会／２００２年）、ジェリー・ヒックス、エスター・ヒックス共著の『引き寄せの法則——エイブラハムとの対話』（ソフトバンク クリエイティブ／２００７年）、手前みそになりますが、わたしの著書『ゼロ・リミッツ（Zero

Limits)』や『引き寄せのファクター』。これらはいずれも、別の現実が可能であることに気づかせてくれる本です。

これらの本は、あなたに奇跡の意味を教え、潜在意識に希望と新たな可能性に関するメッセージを送り込みます。

わたしはこれを「**催眠ストーリー**」と呼んでいます。わたしは催眠術療法士でもあるので、**よい話がひとの心に入りこみ、隠れた思いこみを変える**ことを知っています。変化は実に簡単に苦もなく起こります。あなたはただリラックスして読むだけでいいのです。

マーク・ライアンは世界屈指の催眠術師のひとりです。わたしは彼といっしょに、ひとを内側から変えるストーリーがぎっしりつまったDVDシリーズを制作しました（詳しくはwww.subliminalmanifestation.comをご覧ください）。マークには今回は、本書のために催眠ストーリーをひとつ書いてもらいました。くりかえしますが、あなたはただ読むだけでいいのです。考える必要はありません。メモを取る必要もありません。なにもせず、ただ、読んでみてください。

クリアになるためのとっておきの秘密

マーク・Ｊ・ライアン

わたしはこれまで何台も車を買いかえてきました。ほとんどが中古車で、かならずどこかに欠陥がありました。故障箇所を修理し、できるだけ長く乗って売却し、またつぎの車を買うというのが、長年のパターンでした。

昔、車の修理工をしていたので、そろそろ大きな修理が必要になりそうだというのは、つまり、売りどきがきたというのは、ほぼ正確にわかりました。あるとき、かなりの距離を乗った車を売却しようとしたことがありました。売りに出そうと決めたとたん、車はまるで手放されることがわかったかのようにあちこち調子が悪くなりました。修理代をかけたくなかったので、そのまま当初の予定より安く売ることにしました。ところが、ある日、心の声がささやいたのです。問題をそのままつぎの買い手に引き渡すのではなく、そのひとのために故障箇所を修理しなさいと――。

損が出ることは、その時点ですでにわかっていました。金銭的には確実に損が出ます。でも、視点を変えれば、これは同胞と世の中のものの流れに対する投資です。

わたしは投資する方を選びました。

結局、１０００ドルで売る車の修理とタイヤ交換に約１０００ドルかかりました。さらに、購入希望者の男性が車を見にきたとき、ガソリンタンクに亀裂があり、ガソリンが漏れていることが発覚しました。

亀裂の場所を示して修理を申し出ると、男性はいますぐ車が必要だと言いました。そこで、価格を750ドルに下げることにしました。修理の明細を見ていたこともあり、男性は大満足で車を購入しました。

つぎの話を読む間、このエピソードを覚えていてください。このときと同じように「心の声」に耳を傾けたことで、わたしはクリアになり、ある大きな問題を解決したのです。

当時、わたしは、家族が100年以上所有してきた家に14年ほど住んでいました。わたしはそこを出たいと思っていました。

祖母が住んでいたころの思い出がたくさんつまったその家にはとても愛着があったのですが、構造的に問題があったうえ、あちこちに修理の必要な箇所があって、そうしたもののすべてがわずらわしかったのです。

わたしはカリフォルニアに移住することを決め、それをさかんに口にしはじめました。ニューヨーク州北部の寒い冬から、そして家が抱えるさまざまな問題から、とにかく逃れたかったのです。しかし、移住の夢はいっこうに実現しませんでした。

ある日、2階の寝室でベッドに横たわり、家のことを考えながら悶々としていると、心の声が聞こえました。万が一この家に長く住むことになったら、なにをどう変えたらいいだろう。つぎの住人というより、いま住んでいる人間、つまり、わたし自身にとってより快適な場所にするには、なにをどう改善したらいいだろう——。

　わたしはしばらくその考えに抵抗しました。そんなことを考え出したら、やがて改造計画に夢中になって、住みたくないはずの家に住みつづけるはめになると思ったからです。

　そのいっぽうで、カリフォルニアで夢の家を手に入れるためには、矛盾するようではあっても、どうしたらいまいる場所を、いまもっているものを好きになれるかを知らなければならないという気がしました。カリフォルニアで幸せになるには、まず、ここで、現在の環境で、この家で、幸せになる必要があると思えたのです。

　わたしたちはたいてい、「○○はいやだ」というところからなにかを求めはじめます。「○○から離れたい」「○○を取り除きたい」というように。

　でも、それはわたしたちが真に求めていることではありません。たんに逃げ道を探しているだけで、新しいなにかをつくり出そうとしているわけではないのです。いまいる場所で完全にクリアになったうえで、つぎを求めているのではないのです。

　逃げ道は、新たな逃げ道が必要になる場所にしか連れていってくれません。

　いまいる場所を好きになり、その場所での現実に十分に満足すると、いながらにしてさらに好きなものを引き寄せるようになります。それによって、また新たな現実がつくり出されるのです。

　わたしは黄色い罫紙を1枚用意し、この家で安らげるために、そしてふたたびこの家を好きになるために必要なことを7つ書き出しました。

リストを書きはじめると、すぐに自分のなかでなにかが変化していくのを感じました。なにかとても明るいものが広がっていくような感覚を覚え、同時に、この家にいることを楽しく思いはじめている自分に気づきました。それまで固く閉ざしていたものが突如開きはじめ、この家に対する愛情がにわかにわいてきたのです。

その気持ちに集中すればするほど、自分のなかでなにかが開いていく感覚は強くなりました。そして、それまでどう対処すればよいか見当もつかなかった問題に関して、次々に解決案が浮かんできたのです。裏庭に面した屋根もそのひとつです。

わたしを大きなゴールへと導いたのは、カリフォルニアに理想の家をもつという夢ではなく、いまいる場所で小さな問題をひとつひとつ解決するという作業でした。

1年後、偶然その黄色い罫紙を見つけて読みかえしてみると、驚いたことに、7つの項目はすべて実現されていました。目標や決意を書いて、それを実現させたのは、これがはじめてでした。しかも、すべてが実に簡単に、苦もなく実現していました。助けが必要になると、かならずだれかが現れて協力を申し出てくれたのです。

玄関ポーチはペンキの塗りかえが必要でした。ある日、配達に来たなじみの宅配業者が言いました。「ライアン、そろそろポーチを塗り直した方がいいんじゃないかい?」。わたしが、「だれかやってくれるひとがいるといいんだけど」と言うと、彼は「そっちで塗料を用意するなら、50ドルでやってもいいよ」と言いました。これでひとつ、リストの項目が消えたわけです。彼は結局、250ドルの追加料金で車庫と物置のペンキ塗りもやってくれました。相場を考えれば、破格の安値です。

またあるとき、たまたま尋ねてきた友人が屋根を見て、修理の必要性を指摘しました。屋根板の葺き直しは、7つの項目のひとつでした。彼は自分がやってあげようと言いました。彼の提示した金額は予算を超えていましたが、幸い親戚からお金を借りることができたので、任せることにしました。

屋根板を外すと、裏庭側の垂木がシロアリに食われていることがわかりました。雨水のしみこんだ部分に黒カビがびっしり生えていました。そこで、急きょ家の裏側を取り壊し、建て直すことになりました。

出費はさらに増えることになりましたが、彼の提示した金額は相場の半分ほどだったので、これも任せることにしました。

彼は、家の裏側を前よりもっとよくしたいと言い、リフォームのプランを見せてくれました。彼の説明を聞きながら、わたしは驚きを隠せませんでした。それは、約1年前にわたしが自分の頭に描いていたものとほとんど同じだったからです。彼がこのタイミングで現れた理由が、そのときはっきりわかりました。

彼の方も、わたしを助けるためにここへ導かれたような気がすると言っていました。彼は、わたしを助けることによって、過去の埋め合わせをし、未来を浄化することができると感じていたのです。働くその姿は、実に楽しげでいきいきとしていました。

家の裏側にひそかにはびこっていた黒カビを除去したことは、ほかにも思わぬ効果をもたらしました。2年ほどずっと悪かった体調が回復しはじめたのです。行動を起こしたことで、わたしは健康まで取り戻すことができました。

黄色い罫紙をあらためて読みかえしたとき、わたしはとても重要なことを悟りました。今回はなにが以前とちがったのかがわかったのです。

家は見た目も住み心地も格段によくなりました。近所のひとたちも生まれ変わった家を口々に褒めてくれました。

そんなある日、親しい友人がテレビ番組の主演を務めるためハリウッドに引っ越すことになりました。彼はわたしに、いっしょにロサンゼルスに来てはどうかと言いました。

わたしのガールフレンドは、以前から暖かい場所へ引っ越したいと言っていました。彼女は前夫と、ある取り決めを交わしていました。息子の成長をともに見守れるよう、引っ越すときは同じ地域にいっしょに引っ越すというものです。彼らは何カ月も引越先についてもめていました。彼女のあげる候補地に彼がことごとく難色を示したからです。ところが、昨日、彼の方からカリフォルニアはどうかという打診がありました。彼女がカリフォルニアのどこかと訊くと、彼は、どういうわけか無性にサンフランシスコの南にひかれると答えたそうです。そこはまさに、わたしが行きたい場所でした。彼女は前夫に、わたしの希望については話していませんでした。わたしが行きたいと思っている場所を彼が口にしたことは、彼女にとっても大きな驚きでした。

カリフォルニアへの移住がいよいよ現実味を帯びてきました！

わたしが悟った重要なこと、それは、「**クリアになるために必要なものはすべていまいる現実のなかにある！**」ということです。

いま、その場所で、あなたが幸せになるにはなにが必要か。想像を膨らませてください。

大切なのは、想像力をいますでに存在しているものに向けることです。いまある現実を最大限によくするためになにができるか。つぎにやってくるひとのためにこの現実を最大限よいものにするには、どうすればよいか。「この現実」は車かもしれないし、家かもしれません。職場かもしれないし、ATMの前の列かもしれません。そしてなによりも、あ、な、た、自身にとってそれがよりよいものとなるにはなにをすべきかを考えるのです。

いまここにある現実を改善するために「カリフォルニアの夢」を手放すと、自分が真に必要としているものが見えはじめます。いま自分がいる世界をよりよいものにするために、ひとまずカリフォルニアにこだわるのをやめたとき、わたしは自分がカリフォルニアになにを求めているのか、そこへ行ったときどんなふうに暮らしたいのかが、より具体的に見えるようになりました。

カリフォルニアへの移住をたんなる逃避にしてしまうかわりに、わたしは**いまいる現実のなかで愛の精神をつくり出す**ことにしたのです。いまいる現実のなかで愛の精神をつくり出し、それをいまいる現実に与えると、そこから新たな現実が生まれます。新たな現実はさらなる愛を生み出します。真の夢は、愛を原動力としたときにはじめて存在できるのです。

なにも知らない買い手に問題だらけの車を売りつけるかわりに、わたしは故障を修理し、気持ちよくひとに買ってもらえる車を用意しました。愛の精神によって車をよりよいものにしたことで、自分自身に対していつか夢の車を手に入れるための扉を開いたのです。

いまいる現実を愛しましょう。その愛をもっともよい形で表現する方法を探しましょう。そうすれば、真の夢を実現する道がおのずとあなたの前に開かれるのです。

マーク・ライアンのストーリーがあなたの潜在意識に染みこんでいくのを待つ間、わたしにもひとつ短い話をさせてください。

2007年の4月に、マークが数日間わが家へ遊びにきました。スコッチウイスキーを片手に葉巻をくゆらせ、気の向くままにいろんな話をしながら楽しい時間を過ごしました。

滞在中、ふたりで共通の友人を訪ねることになりました。しかし、どちらも友人宅への行き方をきちんと把握していませんでした。マークは笑いながら言いました。「『スタートレック・ネクストジェネレーション』のエピソードで、未知の惑星で道に迷うやつを覚えてる？　乗組員たちがピカード艦長にどっちへ行けばいいか指示を仰ぐんだけど……」

「その回は見てないかもしれないな」

「ピカード艦長は、もうすぐ山が見えてくるから、そこで左に曲がるって、自信たっぷりに宣言するんだ」

「それで？」

「彼の横にいた心を読める女性に、『ここがどこだかまったく見当がついていないんですね』って言われるんだよ」

わたしは思わず吹き出しました。

「するとピカード艦長は言うんだ。わたしは艦長だから、たとえ自信がないときでも自信があるように見せなくてはならないってね」

わたしはそのエピソードがおおいに気に入りました。そこで、そのあとの行程をピカード艦長になったつもりで運転することにしました。たとえまったくの当てずっぽうでも、堂々と迅速に決断を下しながらハンドルを切ったのです。このロールプレイはとてもおもしろい体験となりました。

マークの携帯電話に友人から電話が入り、何時ごろ着くか尋ねられたとき、わたしは「6時23分に到着する」と言いました。

もちろん根拠などありません。しかし、あたかもすべてを掌握しているかのようにふるまうことによって、わたしは実際、より積極的に自分の体験をコントロールしていたのです。そのドライブはわたし自身を艦長とするおおいなる冒険の旅となったのでした。

その日、わたしたちは思ったよりもずっとはやく友人の家に到着しました。道に迷うことも、渋滞に巻き込まれることもなく、予告した「6時23分」にかなり近い時刻に。

クリアリング・メソッド5 愛をとなえる

わたしたちは、経験の産物である。つまり、わたしたちは過去を背負って生きているともいえる。日常のなかでストレスや恐れを覚えるとき、注意深く見てみると、原因は記憶であることに気づく。

——モーナ・シメオナ

3年前、ある病棟の精神障害をもつ犯罪者全員を、いっさい診察することなく治療したというハワイのセラピストのことを知りました。その後、本人に会う機会をえて、彼の教えを受け、1冊の本を共同執筆することになりました。それが『ゼロ・リミッツ（Zero Limits）』です。彼のメソッドは、可能性を制限する思いこみや固定観念を一掃するのにたいへん有効です。しかも、とても簡単です。なにしろ、たったひとつの言葉を口にするだけでよいのですから。

イハレアカラ・ヒュー・レン博士は、創造主（あるいは神、命、宇宙、道理——呼び方はなんでもかまいません。要するに、わたしたちを生かしている大きな力のことです）に「愛しています」と言うだけで癒しはもたらされることを教えてくれました。この祈り、あるいは告白のメソッドは、「ホ・オポノポノ」と呼ばれるハワイの癒しの儀式に由来します。詳しいことは『ゼロ・リミッツ』で述べているのでここでは省きますが、このすばらしいクリアリング・メソッドをすぐに実践できるよう、基本的な理念と手順を説明したいと思います。

すべての行動は「インスピレーション」か「記憶」のいずれかによって引き起こされるというのが、このメソッドの基盤となる考え方です。「インスピレーション」は**創造主から直接送られたシグナル**。「**記憶**」**は潜在意識のなかに構築されたプログラム**です。ひとはほぼつねに記憶に基づいて行動します。このメソッドが目指すのは、**記憶ではなく、創造主から送られたシグナルをもとに行動すること**です。

たとえば、この本に書かれていることに対するあなたの反応は、あなた自身の記憶に基づいたものです。内容に賛同できないひとは、潜在意識のなかにある古いプログラムがわたしの言っていることと合致しないからです。賛同できるひとは、おそらく、潜在意識のなかの古いプログラムがわたしの言っていることと互換性をもつのでしょう。いずれにしても、その反応はあまり客観的でも明確でもありません。途中に障害物があるからです。障害物とは記憶です。障害物を取り除き、クリアになるためにはどうすればよいか。答はとてもシンプルです。ただ「**愛しています**」**と言えばよい**のです。

ヒュー・レン博士は、創造主に「愛しています」と言うだけで、クリアリング、あるいは浄化のプロセスがはじまると言っています。その言葉はあなたのなかに変化を引き起こすとともに、創造主のもとに届きます。創造主はそれを受けて、あなたにシグナルを送るのです。完全にクリアな状態でこの場所に存在することの妨げとなっている**記憶を一掃する**ためのシグナルです。

はじめてこの概念に接したひとは、いまひとつピンとこないかもしれません。それは、あなたのなかにこの概念と相容れない記憶がすでに存在するからです。あなたの世界観は、この新しい世界観と合致しないのかもしれません。もし、いまこうした混乱を感じているなら、それを意識のなかにとどめたまま、創造主に「愛しています」と言ってみましょう。先ほど述べたように、「創造主」とは人智の及ばない大きな力のことであり、呼び方はなんでもかまいません。

愛しています。

あなたがそうしている間、わたしはこれを書きながら、あなたに言いましょう。

クリアになった心はエネルギーを放射する!

ヒュー・レン博士のメソッドは、視界を曇らせている記憶、つまりネガティブな思考をすべて取り除くことによって、自分自身だけでなく、ほかのひとたちにまで変化を起こそうというものです。にわかには信じられないかもしれませんが、自分の問題を解決すると、不思議なことに、ほかのひとの問題まで消えてしまうのです。

基本となるのは、愛することによって問題を消滅させるという考え方です。方法は、ただひたすら「愛しています」ととなえるだけ。ほかにも同じようにとなえられる言葉として、「ごめんなさい」「許してください」「ありがとう」がありますが、基本的に「愛しています」だけで十分です。このメソッドを使うようになって3年になりますが、わたしの人生は劇的な変化を遂げました。いまは一瞬一瞬を無上の喜びのなかで生きているといっても過言ではありません。

わたしは毎日、ことあるごとにこのメソッドを実践しています。渋滞に巻きこまれたとき、だれかと電話で話しているとき、聴衆の前に立ったとき、風呂に浸かっているとき、葉巻を吸っているとき、歩いているとき、列に並んでいるとき、痛みを感じているとき、記憶をたぐっているとき、わたしはこの言葉をとなえます。声に出して言うことはめったにありませんが、心のなかで静かにつぶやくのです。「愛しています」は、わたしの心の新しい口癖となりました。この新しい口癖によって、わたしの人生は不安に満ちたものから驚異にあふれたものへと変貌を遂げたのです。

わたしは実質主義の形而上学者であり、起業家でもあるので、このメソッドがビジネス面でも効果があるか試してみました。**記事や営業用の手紙を書くときは、かならず愛を込めるようにしました**。本を書くときも、心のなかでつねに「愛しています」と言いつづけるようにしました。『ゼロ・リミッツ』も、もちろん本書も、そうして書いたものです。

すると、わたしの書いた記事やeメールが突然、何百万ものひとに読まれるようになりました。最新刊の『ゼロ・リミッツ』は、出版される半年も前にアマゾンのベストセラーリストにのりました。それだけ多くのひとが予約をしてくれたのです。

このメソッドが自分だけでなく、ほかのひとにも有効かどうか確かめるため、親しい友人たちにも教えました。そのうちのひとり、『成功をもたらす出会い（Meet and Grow Rich）』の共同執筆者であるビル・ヒブラーは、はじめ懐疑的でした。それでも、『ゼロ・リミッツ』の原稿を読み、とりあえず、自分の商品と契約者を愛することからはじめました。その後、彼からはつぎのような報告がありました。

「1月1日から4日までの売上が、前月同期間の売上に比べて41・39%増えたよ。1月のその4日間は契約者にいっさいメールを送らなかったし、新しいキャンペーンも行っていない。きみの本を読んで、一日じゅうただクリアリングの言葉をとなえていただけなんだ」

ビルによると、売上は彼がまったく宣伝活動を行っていなかったサイトでも上昇したそうです。

どうしてこんなことが起こったのでしょうか。

「愛しています」と言って自分の内部をクリアにすることが、なぜ売上の増加につながるのでしょうか。

原因は「外」にあるのではありません。あなたを囲む世界のすべては、あなたが自分のなかで感じていることの投影です。ですから、あなたが愛を感じれば、愛が引き寄せられます。愛は感謝を含むものなので、あなたが愛を抱けば、感謝したくなることがさらに引き寄せられてくるのです。これはわたしの著書『引き寄せのファクター（Attractor Factor）』のテーマであり、もちろん、映画『ザ・シークレット』のそれでもあります。ひとは感じているものを手に入れるのです。

ひとはだれしも、心の底では愛を求めています。あなたも、わたしも、そしてほかのひとたちも。**「愛しています」と心のなかでくりかえし言うことで、あなたの内部が浄化され、クリアになった心が放射するエネルギーをほかのひとたちが感じ取ります**。その結果が、売上の上昇なのです。

まだ半信半疑ですか？

では、こんなふうに考えてはどうでしょう。

このメソッドがまったくのナンセンスに思えたとしても、たとえば電話をするとき、eメールを書くとき、売りこみをするとき、一日をはじめるとき、心のなかで「愛しています」と言うことになんの問題があるでしょうか。少なくとも前向きな気分にはなれます。

ぜひ試してみてください。

では、さっそくわたしも――。愛しています。

亡き妻への執着をクリアにすることで……

ここでひとつ、わたし自身の体験を紹介しましょう。

胸部に癌の可能性のあるリンパ節の腫れを発見したとき、わたしは最初パニックに陥りました。診てもらった癌の専門医は悲観的な見解を示し、ただちに生体検査を行うべきだと言いました。第1部でも述べましたが、わたしは親しい友達やヒーラーに意見を求めました。彼らはすぐにアドバイスをくれ、わたしはその多くを実行しましたが、同時に、この「愛しています」のクリアリング・メソッドも行ったのです。

自宅のベッドに横になり、創造主に向かって、心のなかで何度も「愛しています」と言いました。するとふいに、**この出来事はギフトなのかもしれないという考え**が浮かびました。もしそうであるなら、わたしになにを与えようとしているのだろう——。癌やその他の難病にかかったことによって真の幸せに気づき、より強い人間になれたというひとの話はよく耳にします。

わたしは引きつづき、心のなかで「愛しています」と言いながら、胸部のリンパ節の腫れを思い浮かべてみました。レントゲン写真を見ていたので、どんな感じのものかはわかっていました。写真の画像を思い浮かべながら、それに向かって話しかけました。「わたしはなにを学べばいいんだい？」「きみはわたしになにを伝えたいんだい？」

すると突然、脳裏に3年前に亡くなった妻の顔が浮かびました。彼女とは20年の結婚生活をともにしました。彼女は妻であるとともに、親友でもありました。頭に浮かんだ彼女の姿を見ながら「愛しています」と言うと、深い悲しみがよみがえってきました。妻が死んだあとの１年間、わたしは毎日泣いていました。その後も、しばしば涙に暮れていました。やがて少しずつ泣かないようになっていきましたが、寂しさはけっして消えることがありませんでした。

リンパ節の腫れは彼女にしがみついていることのあらわれなのではないか、ふとそんな考えが浮かびました。患部を写したレントゲン写真は、実際、小さな生き物が体の内側にしがみついているように見えました。まるで、妻の思い出にしがみつくわたしの心を象徴しているかのようでした。わたしは妻の死を完全に受け入れることができていませんでした。どこかでまだ彼女にすがっていたのです。

わたしは心のなかで「愛しています」と言いつづけました。まもなく別の言葉が浮かんできました。「ごめんなさい」と「許してください」です。それらの言葉をくりかえしていると、頭に描いたリンパ節の腫れが徐々に小さくなり、ついには消えてなくなりました。

このクリアリング・メソッドを開始して約20分後、わたしは自分がクリアになっているのを感じました。その時点では実際に腫れが消えたのかどうかを確かめるすべはありませんでしたが、心の底では消えたことを確信していました。わたしは**胸部に現れたその腫れを愛し、それが伝えようとしたメッセージに耳を傾け、消えていくのを見送った**のです。その後、ＭＲＩ検査の結果、リンパ節の腫れは無害なものだと判明しました。

自分の内側に働きかけて、外の世界に変化を与える

つい先日、サンアントニオで教員をしているひとに会いました。彼は障害児の教育に携わっており、『ゼロ・リミッツ』を読んで以来、このメソッドを実践しているとのことでした。彼はある生徒のことを話してくれました。その子は強硬症のような症状をもち、よだれを垂らしながらただ一点を見つめるばかりで、こちらの働きかけにまったく反応を示さなかったそうです。

彼はその生徒に対してではなく、自分自身に働きかけることにしました。教室で数分間、その子のことを考えながら、心のなかで「愛しています」と言いつづけたのです。それから、生徒のそばへ行き、算数の問題をやってみるかと尋ねました。すると驚いたことに、その子は彼の方を見て、「うん、やってみる」と答えたのです。その子はその後30分間、自分の席で算数の問題を解きつづけました。先生によると、こんなことは前代未聞だそうです。すべてはこのクリアリング・メソッドがもたらした奇跡だと、彼は言いました。生徒に対して働きかけるのではなく、つまり、「**外**」**を変えようとするのではなく、彼は自分自身に働きかけました**。彼の内側が変わったことが、その子に変化をもたらしたのです。

あなたを悩ませているものやひとを思い浮かべてみてください。健康上の問題でも、うまの合わない同僚でも、なんでもかまいません。なにかひとつ選んで、このメソッドを実践してみましょう。

その問題、あるいはそのひとを思い浮かべながら、創造主に向かって、心のなかで「愛しています」と言うのです。信じられなくても、半信半疑でも、とにかくやってみてください。ただ「愛しています」と言いつづけるだけでいいのです。そうしているうちに、やがてあなたは、自分のなかに愛が生まれてくるのを感じます。すると、その問題、あるいはそのひとが変わりはじめます。

あなたがこれを行っていることは、だれも知る必要はありません。ヒュー・レン博士が言うように、「外」というものは存在しないのです。すべてはあなた自身のなかにあるのです。すべてはあなたと創造主との間にあるのです。そして、創造主との関係をクリアにするのに必要なのは、「愛しています」という言葉だけなのです。

ぜひ、このメソッドを実践してください。そして、その体験をつぎのスペースに、もしくはあなたの日記に書きとめてください。

クリアリング・メソッド 6
感情を解放する

すべてのネガティブな感情は、体内のエネルギーの流れが乱れたことによって起こる。

——ゲーリー・クレイグ

わたしは以前、パニック発作に悩まされていました。原因が潜在意識にあるとわかるまで、実にいろんな方法で症状を抑えようとしました。ところが、不安を取り除くのにきわめて有効だったのは、信じられないくらいシンプルなメソッドだったのです。

教えてくれたのはロジャー・キャラハンです。彼はこのメソッドを「TFT（思考場）療法」と呼んでいます。彼が最初に製品化したもののひとつに、『人前で話す恐怖を克服する（Eliminate Fear of Public Speaking）』というビデオがあります。ビデオが紹介しているのは、特定のフレーズをくりかえしながら顔や胸、腕を指で軽くたたく、すなわち「**タッピングする**」という方法でした。そんなことでパニック発作が治るとはとても思えませんでしたが、藁にもすがる思いで試してみました。効果は驚くべきものでした。

わたしはさっそくＴＦＴ療法と、それをもとにしたＥＦＴ療法（感情解放テクニック）の勉強をはじめました。今日、何百人もの指導者がＥＦＴ療法を教え、何千人ものひとがこのメソッドを実践しています。そのひとりが、ブラッド・イェーツです。

ブラッドとわたしは、『マネー・ビヨンド・ビリーフ（Money Beyond Belief）』（www.moneybeyondbelief.com）というセミナーをつくりました。このセミナーでは、タッピングのメソッドを使ってお金に関する無意識の思いこみをクリアにする方法を教えています。

ブラッドはまた、自分の人生に新しい車を引き寄せる方法を説いたわたしのセミナー（www.attractanewcar.com）にゲスト出演し、タッピングによって自分のなかの固定観念をとりはらうこつを紹介してくれました。わたしは今回、ＥＦＴ療法のエキスパートであるブラッドに、行きづまりを感じたときにすぐに使えるタッピングのメソッドを教えてほしいと頼みました。以下は、ブラッドが本書のために書いてくれた文章です。

ＥＦＴ療法によるクリアリング

ブラッド・イェーツ　www.bradyates.net

ほしいものを手に入れるプロセスのなかで、なおざりにされがちなのがクリアリングです。「引き寄せの法則」に基づく指導のほとんどが、ほしいものに意識を集中し、前向きな気持ちを引き出したら、あとはただそれが現れるのを待てばいいと教えています。

しかし、現実は、多くのひとが待てど暮らせど望みがかなわないことにいら立ちを募らせています。

問題は、わたしたちの思考の80~90パーセントが無意識だということです。そのため、ときおり前向きな気持ちでほしいものに意識を集中したとしても、大半の時間は、潜在意識の考える、自分が手に入れられるもの、あるいは手に入れるべきものに対して、エネルギーが向けられているのです。潜在意識がなにを自分にふさわしいと思っているかを知りたければ、身のまわりを見てみることです。あなたを囲んでいるものが、自分の望んでいるものでないとすれば、潜在意識の考えは、あなたが言葉でほしいと言っているものと一致していないということになります。

でも、悲観する必要はありません。「引き寄せの法則」はあなたにもちゃんと働きます。要は、潜在意識のなかにある、あなたの希望と相容れない「思いこみ」をクリアにすればいいのです。

無意識下の思いこみをクリアにする方法はたくさんあります。『こころのチキンスープ』の著者のひとり、ジャック・キャンフィールドは、いくつかのメソッドとともに**感情解放テクニック（EFT療法）**をあげています。EFT療法はわたしの専門です。これは、心身相関の概念に基づき、感情面、身体面の両方において、心地の悪さ、不愉快な感覚を取り除くメソッドです。シンプルでよく効くだけでなく、通常、高い即効性が期待できます。なにより、自分で簡単にできるのがこの方法のいちばんの利点だといえるでしょう。「引き寄せの法則」をより効果的に機能させるためのツール、つまり、潜在意識のなかのネガティブな思いこみをクリアにする手段として、近年、ＥＦＴ療法を実践するひとがどんどん増えています。

ＥＦＴ療法は中国の伝統的な医療をベースにしており、「経絡」と呼ばれるエネルギーの経路を使います。鍼治療で用いられるのと同じものです。ネガティブな感情はエネルギーの流れが乱れているために起こります。**特定の箇所を指で軽くたたくこと、つまり「タッピングする」ことによって**、エネルギーの滞りを解消し、流れをスムーズにします。このメソッドは、わたしの知るなかでもっとも簡単なストレス軽減法でもあります。

わたしたちは本来、無限の可能性のなかに生きています。ほしいものはなんでも手に入れられるのです。希望が実現しないのは、あなた自身がそうなることに抵抗しているからです。無限の可能性に抵抗するもっとも一般的な理由は、それを恐れているか、もしくは、自分にはそれを手にする価値がないと思っているかです。そして多くの場合、その両方なのです。

可能性を制限する思いこみをクリアにするために、ぜひＥＦＴ療法を試してください。やり方はとても簡単です。２本の指で、経絡がもっとも刺激を受けやすい箇所を軽くとんとんとたたけばいいのです。最初に、手の外側の空手チョップポイントをとんとんとタッピングします。つづいて、以下の「ツボ」をタッピングしていきます。

・眉頭
・目尻
・目のすぐ下
・鼻のすぐ下
・口の下（あごのてっぺん）
・左右の鎖骨が出会うところ（喉の窪みから左右斜め下にそれぞれ2、3センチのところ）
・脇の下から約10センチ下
・頭のてっぺん

タッピングの方法をもっと詳しく知りたいかたは、www.bradyates.netをご覧ください。「EFT」をクリックすれば、図や音声によるガイダンスがえられます。

まずは目を閉じて、大きく深呼吸し、自分に問いかけます。「わたしは○○を手に入れてもいいだろうか」○○の部分にあなたが望んでいるものを入れてください。家でも、車でも、なんでもかまいません。遠慮せずにほしいものをあてはめてください。そして、自分のなかにわいてくる感情に注目しましょう。それを手に入れることに対する否定的な考えは浮かんできましたか？　自分のなかにわいた抵抗の強さを0～10であらわしてください。

つぎに、手の外側の空手チョップポイントをタッピングしながら、つぎのように言います。「わたしは○○を手に入れることに不安を感じているけれど、そんな自分を心から愛し、完全に受け入れます」

つづいて、「わたしは○○を手に入れることに不安を感じている」と言いながら、先にあげた箇所をタッピングしていきます。

大きく深呼吸し、抵抗感が減っているか見てみましょう。気持ちが落ち着くまでこれをくりかえしていきます。

今度は、自分にはそれを手にするだけの価値がどのくらいあると感じるかを0～10であらわしてみましょう。そして、「自分は○○を手にするのにふさわしい人間だとは思えないけれど、そんな自分を心から愛し、完全に受け入れます」と言いながら、同じようにタッピングをしていきます。

おそらく、あなたはいま、こんなふうに思っているのではないでしょうか。「どうしてそんなことを言わなければならないんだ。口にすべきなのは前向きな言葉のはずだろう?」

では、あなたに尋ねましょう。床になにかをこぼしたとき、それを無視して、床のきれいな部分だけに目を向けるのは賢明なことですか?　汚れた場所をきれいにふき取ることなく、見て見ぬふりをすることで、ほんとうにすっきりした気持ちになれますか?　もちろん、そうではありません。汚れをふき取り、床をきれいにしてはじめて、足もとを気にせず自由に動き回ることができるのです。

同じように、限界をつくっている思いこみをクリアにしてはじめて、自分が真に求めているものと調和する自由がえられるのです。そのようにしてえられた調和は、意識して調和しようとしなくても、つまり、無意識の状態でも、ずっと持続します。

ＥＦＴ療法は、ほかのメソッドと併用したときにも、クリアリングに大きな効果を発揮します。わたしはよく「ホ・オポノポノ」と組み合わせて、「ごめんなさい」「許してください」「ありがとう」「愛しています」と言いながら、各ツボをタッピングしていきます。ぜひ試してみてください。

ＥＦＴ療法によるクリアリングについてもっと深く知りたいかたは、ジョーとわたしの『マネー・ビヨンド・ビリーフ』（www.moneybeyondbelief.com）をご覧ください。あなたの求めるものがお金でないとしても、収入の増加を妨げている「壁」は、往往にして、そのほかのさまざまな問題の原因にもなっています。あなたを取り巻く無限の可能性を存分に引き寄せてください！

クリアリング・メソッド❼

シナリオを書く

世界は人間のイマジネーションが外に押し出されたものだ。

――ネヴィル・ゴッダード

障害物を取り除き、ほしいものを手に入れるためのもっとも強力なツールのひとつに、「**ネヴィライズ**」があります。これはネヴィル・ゴッダードに敬意を表してわたしがつくった造語です。ネヴィルはバルバドスの神秘主義者で、さまざまな言葉とともに、『信仰は財産（Your Faith is Your Fortune）』『意識の力（The Power of Awareness）』『不死のひと（Immortal Man）』『仰せのとおりに（At Your Command）』など多くの著書を残しています。

ネヴィルは、ひとはイマジネーションによって現実をつくり出すと考えました。なにかを変えたければ、それを**想像のなかで体験することによって実現させる**のです。ただし、ほしいものをイメージするだけでは十分ではありません。望みが実現したときの状態まで想像し、その状態を想像のなかで体験することが必要だと、彼は言いました。

心にビジョンを描くと願いが実現しやすくなると考えるひとは大勢います。ネヴィルは、そのプロセスを加速させるために、希望が達成されたときの状態までリアルに感じなさいと言ったのです。たとえば、ほしい車をただ思い浮かべるのと、それを実際に所有している状態をイメージするのとでは、大きな違いがあります。後者は、「引き寄せの法則」をぐんと加速させるのです。

1969年にネヴィルはこんなことを言っています。

「ある状況を外に存在するものとして見れば、あなたはその影にのみ込まれることになる。あなたのイマジネーションがつくり出した活動に反応する者は、みな影なのだから。どうして影があなたの世界を動かす要因となりえるだろう。要因となる力を他者に見いだした瞬間、本来自分のものであるべき力を相手に引き渡すことになる。他者はあなたのなかで起こっている活動を証言する影にすぎない。世界は、あなたがあなた自身のなかで行っていることを永遠に映しつづける鏡なのだ」

ネヴィルが言おうとしたのは、外に見える世界はたんにあなたの内なる世界が映し出されたものにすぎないということです。内側が変われば、外側も変わるのです。なにかを引き寄せたければ、自分のなかでそうすればよいのです。想像し、感じることによって。

望むことをシナリオに書いてみる

ここで例をひとつ紹介しましょう。

ＣＮＮの『ラリー・キング・ライブ』への出演依頼がきたとき、わたしは願ってもないチャンスに飛びつきました。しかし、喜びもつかの間、すぐに不安になりました。何百万ものひとが見ている生放送のトーク番組に出るのです。ばかげたことを口走ったらどうしよう。どもったらどうしよう。頭のなかが真っ白になって言葉が出てこなくなったらどうしよう。ラリーに気に入られなかったら、視聴者がわたしの言うことに反発したら……。

テキサスからロサンゼルスへ向かう飛行機のなかで、わたしは恐怖におののいていました。いけない。こうしてよくないことばかり想像していると、かえってそのとおりになってしまう。「引き寄せの法則」に従って、望まないものを引き寄せることになってしまう。なんとかしなければ……。

わたしはネヴィルのことを思い出しました。さっそくペンとノートを取り出し、こうなってほしいと思う内容で番組の脚本を書きはじめました。ラリー・キングと向かい合っている自分を想像しながら、すでに起こったことをふりかえっているつもりで、会話の流れとそのときの気持ちを可能なかぎり具体的に書き出しました。するとだんだん、番組が実際にそういう展開になるような気がしてきたのです。

かかった時間はほんの数分でした。書き終えたあと、何度もそれを読みかえしました。読むたびに、自然に笑顔になりました。ホテルにチェックインしたあとも、枕の横にそれを置いて、ことあるごとに読みかえしました。自分の求める結果をくりかえし確認しながら、そうなった場合に自分が感じるであろう楽しさを実際に感じたのです。

その夜、カメラに囲まれてラリー・キングの前に座ったとき、わたしは穏やかな自信に満ちていました。彼の質問に笑顔で答え、ときには声をあげて笑い、映画『ザ・シークレット』の続編をつくると宣言してラリーを驚かしさえしました。こうしてわたしは、**「ネヴィライズする」**ことによって新しい体験をつくり出したのです。

難しいことではありません。要するに、**自分が望むことをシナリオに書けばいい**のです。ただし、すでに起こった出来事のように書くことが重要です。目標が達成された日の夜に日記をつけているつもりで書きましょう。そのとき感じるであろう喜びを想像し、実際に感じてください。このごくシンプルな行為によって、**シナリオを現実にするためのプログラムにスイッチがはいる**のです。

たとえば、新しい家がほしい場合は、どうすればよいでしょうか。ウォレス・ワトルズは著書『幸せなお金持ちになる「確実な法則」——「思い」と「実現」の法則2』(小社刊/2007年)のなかでこう言っています。「新しい家が形をもってあなたのところにやってくるまでは、心のなかでその家に住むことが必要です。心の領域では、欲しいものを使って、それをすでに楽しんでいることが必要なのです」

ワトルズはこう言っています。「欲しいものが、いつでもあなたのそばにあるかのように想像しましょう。自分がそれを所有し、使っているところを想像してください」

ワトルズもネヴィルも、自分が望む未来をいま想像のなかでつくりなさいと言っています。重要なのは、ただイメージを描くだけでなく、そのときの気持ちまで体験することです。これは、ほしいものを引き寄せようとするときのもうひとつの「**失われた秘密**」です。多くのひとがイメージを描いてばかりで、イマジネーションに感情のパワーを加えることを忘れているのです。感じることは「引き寄せ」のプロセスを加速させます。大好きなものや大嫌いなものを引き寄せやすいのはそのためです。激しい感情はアクセルの役目を担うのです。

ネヴィルはこんなことも言っています。「あなたはいま、ひとつの役を演じている。その役が気に入らなければ、変えればいいのだ。望みさえすれば、24時間前の自分より裕福な男の役を演じることもできる。それはたんに、あなたがその役を選ぶかどうかの問題なのだ」

演じる役を変える方法が、この感情を伴ったロールプレイです。自分の望む状況をただ想像するだけでなく、そのとき体験するであろう感情を実際に感じながら、**あたかもすでに起こったことをふりかえっているつもりでイメージする**のです。また、このロールプレイには、求める結果を引き寄せるにはなにからはじめたらよいかがわかるというボーナスもあります。

ネヴィルは、『意識の力』のなかでこう述べています。

希望がかなったときの気持ちを感じなさい。それが鮮やかな現実感となるまで感じなさい。望みがかなった状態を実際に体験している自分を想像しなさい。望みが実現したときの気持ちを、それが心を支配し、意識からほかのすべての考えを押し出してしまうまで感じなさい。

それでは、さっそく、ネヴィルのアドバイスを実践してみましょう。すでに起こったことをふりかえるつもりで、具体的で生々しいシナリオを書いてください。もちろん、実際に起こる出来事は、「ネヴィライズ」した内容と同じにはならないかもしれません。あなたはまだ、求めるものの引き寄せ方を学んでいる最中なのですから。わたしもそうです。ここでの目的は、**希望する状態を心のなかに意識的につくり出す練習をすること**です。

つぎのスペースに、あるいはあなたの日記に、引き寄せたいものを「**ネヴィライズ**」しましょう。あなたが望む最終的な状況を具体的にイメージしてください。あなたは脚本家としてあなた自身の夢をシナリオにするのです。必要なのはペンとイマジネーションだけ。では、おおいに楽しんでください！

クリアリング・メソッド8 許しを乞う

世界がなにを求めているかを自問する必要はない。自分をいきいきとさせるものはなにかを自問し、それをすればいいのだ。世界が求めているのは、いきいきと生きている人間なのだから。

――ハワード・サーマン

人生に行きづまりを感じるとき、車、家、仕事、恋人、なんであれ、真に望むものを引き寄せられないとき、原因はしばしば「許し」の欠如にあります。

どうしても許せないだれかがいるのかもしれません。あるいは、自分自身を許せていないのかもしれません。いずれにしても、過去の感情、記憶、出来事に固執することは、まちがいなくエネルギーを滞らせ、ほしいものを引き寄せる力を低下させます。

あなたにいま必要なのは、「許すこと」です。

わたしはかつて、許すということがとても苦手でした。相手を許せば、そのときの教訓を忘れて、まただまされるのではないかと思っていたのです。でも、その思いこみをあらためて検証したとき、それがまさに「思いこみ」でしかないことに気づきました。思いこみは思いこみであり、現実でも、事実でも、真実でもありませんでした。

クライアントのなかに、かなりの額を未払いのままにしているひとがいました。いっこうに支払う様子はなく、そのまま逃げ切ろうとしているのは明らかでした。当時、わたしは自分を被害者として見ていました。そのクライアントを含め、世間の大半は、隙あらばわたしをだまそうとしている、そんなふうに考えていたのです。泥棒男爵や適者生存についての本を山ほど読み、貪欲で非情な人間にならなければビジネスで勝ち残っていくことはできないと思っていました。でも、いっぽうで、わたしはそういう人間が好きではありませんでした。そんな人間のひとりになるのはどうしてもいやでした。結局、冷徹にもなれず、かといって相手を許すこともできず、毎日、鬱々と生きていたのです。

もちろん、このことによって傷ついていたのは、わたしひとりです。支払いを怠っていたクライアントが、わたしの痛みを感じることはありません。つまり、わたしが恨みを抱くことによって苦しむ人間はただひとり、わたし自身なのです。

その後、自己啓発の本を読みはじめ、本書にも紹介しているクリアリング・メソッドを実践していくにつれ、恨みを手放せるかもしれないと思うようになりました。クライアントを許せるかもしれない、自分自身を許せるかもしれないと。

そして、実際、許すことができたのです。あなたはもう察しているかもしれませんが、その後、クライアントはみずから姿を現し、全額を支払いました。わたしはお金を回収するために許したわけではありません。許し、忘れ、ただ放っておいたのです。

許すことと、クリアリング・メソッドとしてのそのパワーについて、もう少し詳しく説明していきましょう。

まずは「許してもらうこと」から実践する

他者を許すことは、ある意味、勝手な自己満足だといえます。だれかに「許してあげる」と言うとき、そこには、あなたがそれまで相手に対してなんらかの支配力をもっていたというニュアンスが含まれます。あなたは自分を相手より上位に置き、「許す」という温情をかけることによって、あなたの怒りから相手を放免すると宣言しているのです。これは「許し」ではありません。一種のごまかしであるとさえいえるでしょう。

より効力があるのは、自分が傷つけたひとに「ごめんなさい」と言うことです。『おれの名前はアール（My Name Is Earl）』というテレビドラマがあります。見たことがないかたは、ぜひ一度ご覧になってください。しがないこそ泥が、ある日、よいことをすればよいことが起こるという考えに目覚め、これまで自分が傷つけたひとのリストをつくり、償いをして歩くという話です。

20年ほど前、わたしも似たようなことをしました。傷つけたと思うひとたちのリストをつくり、彼らのもとを訪ねて、お金を借りたままのひとにはお金を返し、ものを借りたままのひとにはそれを返し、自分の行いを詫びました。過去と和解するために精いっぱいのことをしたわけです。それはとても気持ちのいいことでした。

だれかに許してもらうことやだれかを許すことをはるかに超える許しというものがあります。すぐに実践でき、かつ非常に効果的なクリアリング・メソッドでもあるそれは、自分自身に対する許し、つまり、自分を許すことです。

まちがっているのは、状況や相手についてのあなたの認識であって、そのひと自身ではありません。たしかに、相手はあなたがしてほしくなかったことをしたかもしれません。しかし、あつれきを生み出したのは相手に対するあなたの反応、あなたの気持ちです。その気持ちを手放すことは、あなた自身を自由にすることでもあります。そして、自分自身を自由にすると、相手はたいていあなたがしてほしかったことをするようになるのです。ただし、動機はあくまで、自分自身を許すことでなければなりません。

いろんな意味で、「根本的な許し」とも呼べる許しがあります。それは、「**悪いことはなにも起こらなかった**」**と思うこと**です。あなたはその出来事を「悪いこと」と判断したかもしれません。しかし、創造主の目から見れば、ただ「そういうことが起こった」だけにすぎません。それはすでに終わったこと、過去のことなのです。自分がひとや出来事に対して下した判断に固執することは、エネルギーを消耗します。ほんとうにほしいものを引き寄せるために使われるべきエネルギーが、そこで虚しく消耗されるのです。

『根本的な許し（Radical Forgiveness）』の著者、コリン・ティッピングは、つぎのように書いています。

「済んだことは水に流す」というのが、従来の許しである。それはそれでいい。しかし、いやなことがあったという認識がある以上、どんなに許そうと努力しても、自分は被害者だという意識をぬぐい去ることはできない。ふたつの相反するエネルギーの間で葛藤することになるだけだ。非難したい気持ちと許したい気持ちの間で。

ティッピングのいう「根本的な許し」とは、悪いこと、いやなこと、ネガティブなことは、いっさい起こらなかったという認識をもつことです。さらにいえば、その出来事は、あなたを苦しめるためではなく、あなたの目を開かせ、成長させるために起こったことで、あなたをいまいる場所へ導くためのカリキュラムの一部だったと理解します。そして、あなたが奇跡を引き寄せるのは、いまいるその場所からなのです。

では、どうすれば許すことができるのでしょうか。

ただ、「わたしは自分を許す」と言ったところで、自分のなかに望むような変化は起こらないでしょう。もちろん、だれかに「あなたを許してあげる」と言う必要はありません。そもそも、相手に責任はないのですから。そのひとはたんに、自分のプログラムに基づいて行動しただけで、あなたといっしょにあなたを成長させる物語をつくったにすぎないのです。むしろ、あなたはそのひとに感謝すべきなのかもしれません。

ここで、また同じ問いに戻ります。どうすれば自分を許すことができるのでしょうか。

わたしの提案は、『ゼロ・リミッツ（Zero Limits）』でも述べていることですが、創造主に自分の下した判断の誤りについて許しを請うというものです。難しいことではありません。ただ、「許してください」あるいは「ごめんなさい」と言えばいいのです。声に出して言う必要はありません。感じる必要もありません。心のなかで、創造主（人智を超えた大きな存在という意味で、呼び方はなんでもかまいません）に向かってこの言葉をくりかえしとなえることで、滞っていたエネルギーがふたたび流れはじめるのです。

どうしてそうなるのかを理解しようとする必要はありません。これは、**自分の下した判断が自分のなかにつくり出した「滞り」を取り除く、魂レベルでの作業**です。あなたにとっての創造主に、「ごめんなさい」「許してください」と言いましょう。そして、しばし沈黙のなかに身を置いて、沈黙があなたを自由にするのを待つのです。

まずは、許しが必要だと思えるひとや出来事を書き出してみましょう。つぎのスペースに、あるいはあなたの日記に、リストをつくってみてください。

そしてなにより、あなた自身を許すことを忘れずに！

クリアリング・メソッド❾

「肉体の知性」と語り合う

なにかを手に入れるには、心がそれと恋に落ちることが必要だ。
——ウイリアム・ウォルター・アトキンソン

『ラリー・キング・ライブ』に2度目に出演したとき、ラリーが言いました。「映画『ザ・シークレット』の考え方は依存症にも効くのかい？」

「ええ、何千人ものひとがそれで立ち直ってますよ」。わたしは答えました。

「でも、依存症だよ？」。ラリーは納得していないようです。「心で理解したって、体の方はまだ依存したままだろう？」

わたしは、**心は脳のなかだけでなく、体じゅうにある**のだと説明しました。脳はオペレーティングシステム、あるいはコントロールセンターですが、心はそこにだけあるのではありません。体のいたるところにあるのです。そのため、**記憶や感情は体のさまざまな場所に滞ります**。体を解放すれば、心も解放されます。逆に、**心を解放すれば、体も解放されるのです**。

「心が変われば、体も変わるということです」。わたしはラリーに言いました。本生放送の宿命で、それ以上詳しく説明することはできませんでした。ありがたいことに、本は時間を気にする必要がありません。ここで、体と心をさまざまな滞りから解放する方法についてジェニファー・マクレーンが書いてくれた文章を紹介することにしましょう。ジェニファーは**副交感神経セラピー**、**ポラリティ**、**レイキ**という3つのヒーリングテクニックを学び、15年にわたってプライベートセッションやワークショップなどで実践しています（www.healingrelease.com）。

トラウマの残骸とエネルギーの滞りをクリアにする

ジェニファー・マクレーン

これから紹介するテクニックは、あなたを肉体の知性へといざない、身体細胞のエネルギーシステムに滞っている思考を暴き出します。滞った思考は夢の実現を妨げ、肉体的、感情的、精神的痛みとなって現れます。

体はしばしば、思考や感情という障害物を細胞組織のなかにためこみます。わたしたちはそれを見つけ出し、認識し、取り除かなければなりません。体のなかに滞ったエネルギーの正体は、多くの場合、解決されていないトラウマの残骸です。トラウマの原因は肉体的なけがかもしれないし、感情的、あるいは精神的な傷かもしれません。ただ、わたしの経験からいうと、エネルギーが滞るのはこれらがいくつか組み合わさった場合です。肉体的なトラウマは、交通事故のような深刻なものから、弟を蹴ってつま先を痛めたというようなささいなものまでいろんなケースがあります。重要なのは、その行為の背後にある思考、あるいはトラウマを体験したときに起こった思考と、その思考が体のどこに閉じこめられたかということです。エネルギーの滞りの背景にある思考や感情を明らかにし、認識し、感謝の気持ちとともに手放すと、肉体の癒しの知性が本来の力を取り戻し、体内のバランスを回復させて、健康をよみがえらせます。そして、エネルギーの流れが正常になると、おのずとチャンスを呼びこむ水門が開くのです。

肉体と向き合い、細胞組織と組織のなかに取りこまれた感情に「語りかける」と、滞りはより取り除きやすくなります。これまでのわたしの経験では、自分の望むものを視覚的にイメージして、喜びや安らぎ、充足感といったポジティブな感情を心に抱いただけのときは、かならずしも求めるような成果がえられるとはかぎりませんでした。ところが、それらの感情について、体のどの場所に属すかを体自身に尋ねると、たいてい、滞りの原因を理解してそれを手放すための道、肉体的にも精神的にも真に望んでいる状態へと至る道が示されるのです。

体への旅——癒しと解放のためのテクニック

ここで紹介するテクニックは、量子物理学やオブザーバーエフェクト（観察者効果＝観察者がそれを見ているだけで物理的なシステムに影響を与える効果）にたとえるとわかりやすいかもしれません。まずは体内のエネルギーシステムに意識を向け、それが語ることに耳を傾けます。エネルギーの動きを見つめ、滞りの形態やそれが取り除かれる様子を観察すると、体はあなたが自分に注意を向けていることを知り、みずから変化して新たな健康のシステムあるいはパターンをつくり出すのです。そのプロセスは、こんな感じの会話によって進行します。

あなた　ねえ、体、きみの話を聞かせてよ。しっかり聞くって約束するから。

体　ほんとう？　それを待ってたよ。「幸せ」（あるいは「自由」「喜び」「充足感」「出会い」など）についてのきみのリクエストは聞いたよ。実は、こっちにも聞いてほしいことがあるんだ。

プロセスはすでにはじまっています。このテクニックを説明する言葉じたいが許しと愛とバランスに満ちているため、読みはじめた時点で、自動的に癒しのプロセスがスタートし、体はあなたを受け入れる準備をはじめるのです。

テクニック1　トラウマを癒す

◆自分の中心を見つける

楽な体勢になります。横たわるか、背もたれのある椅子に腰かけるとよいでしょう。体のなかに酸素をたっぷり送りこむつもりで、最低３回、大きく深呼吸します。ひとつの深呼吸に最低10秒はかけてください。おへその下が最初に膨らむようにし（手を当てて確かめながらやってもけっこうです）、つづいて胸が膨らみ、最後に肩が少しだけあがるように息を吸い込んでいきます。空気が肺の最上部まで満たすのをイメージします。これ以上吸えないところまで吸ったとき、肩と首に体の内側からマッサージをしているような感覚を覚えるはずです。

体がリラックスしたところで、体の内側に意識を向け、中心だと感じるところを目指します。水のなかにゆっくりと沈んでいく真珠の玉になったつもりで、自分の体のなかへ入っていきます。真珠が止まったところが、あなたの中心です。その中心のもっとも静かなポイントを見つけてください。雑念が入りこんできたら、ハンカチをたたむようにそれを折りたたんで脇に置いておきましょう。

◆見て、気づいて、感じて、会話する

中心がクリアになったと感じたら、つぎに、肉体的な痛み（あるいは緊張、不快感）のある部分へ行きます。その痛みは理由があってあなたを呼んでいます。「行く」というのは、そこへ意識をもっていくという意味です。自分の目が体のなかにあり、痛みのある部分を見つめているつもりになってください。その場所へ行って観察する――これがこのテクニックのもっとも重要なポイントです。それはどんなふうに見えますか？　ガラス、円筒、箱、家、おもちゃなど、ものとして見えるというひともいれば、赤い、黒っぽいなど、色として見えるというひともいます。また、柔らかい、固い、ねばねばしている、といった感覚としてとらえるひともいれば、怒りや不満、混乱といった感情を覚えるひともいます。

体のなかのその部分に完全に意識を集中したら、それをしっかりと見つめ、心のなかで会話をはじめましょう。痛み、あるいは不快感のある部分に見えるもの、そこに感じるものを自分に向かって詳しく説明します。それが変化しはじめたら、その変化をよく観察します。オブザーバーエフェクト（観察者効果）を思い出してください。あなたの体は、あなたが自分に注意を向けていることを喜び、あなたになにかを示そうとします。たいてい象徴的な表現で示されますが、あなたはそれを理解できます。観察しているものに向かって、こんなふうに訊いてみてください。

・あなたはなぜここにいるの？
・わたしになにか見せたいものがあるの？（変化が起こるかどうか観察します。変化したら、なぜ変化したのかを尋ねます。）
・これ（形、気持ち、音、感覚）は、わたしにとってどんな意味があるの？
・あなたはどこから来たの？（出来事、不愉快な会話、けが、事故など）（それがトラウマ的な経験である場合は、その出来事の内容は思い返さないようにしてください。そのようなことがあったという事実を確認するだけにして、この痛み、あるいは緊張、不快感はそれが原因なのだという新たな認識をもちつつ観察を続けてください。）
・わたしはこれを手放したいだろうか。もしそうなら、どうすれば手放せるだろう。（ここで求めているのは、「もっと運動しなさい」とか「体重を減らしなさい」というたぐいの答ではありません。答は、その瞬間あなたが見つめているものとともにあります。それを手放す様子をイメージしてください。それはどんな光景ですか？　体のなかにどんな感覚が生まれましたか？）
・あなたを手放すためになにかわたしが利用できるもの（方法、手助け、道具など）はある？

体のなかのその部分と会話を交わしながら、変化が起こるのを観察します。それは向きを変え、形を変えながら、やがてなんらかのバランスを見いだします。変化が起こると、大きなため息が出たり、涙があふれ出したり、笑い出したりします。熱が放出されるというのも、よく見られる現象です。ときにはその部分が脈打っているように感じることもあります。腸がごろごろと鳴るのも、エネルギーが動きはじめたサインです。これらはすべて、滞っていたエネルギーが解き放たれたことを示すものです。

観察していたものが変化し、エネルギーが流れ出したとき、体のほかの場所にも注意を向けてみましょう。あらたに痛みや緊張を感じる部分は出てきましたか？　ひとつの滞りが解消されると、まるでタマネギをむくように、別の滞りが姿を現すことがよくあります。多くの場合、それは最初の滞りに関連したものです。別の場所があなたを呼んでいるのがわかったら、そこへ行って同じプロセスをくりかえしましょう。

最後に、ジョーとヒュー・レン博士の「ホ・オポノポノ」を行うことをお勧めします。「痛み」となっていたものに感謝し、滞りを生むような経験をしたことを詫び、滞りをつくり出した自分とそれを手放せた新しい自分を愛して、このプロセスを終えましょう。

実践例

このテクニックをさらによく理解していただくために、具体例をふたつ紹介したいと思います。

わたしは腰の左側に痛みがありました。深呼吸を行い、体の中心の静かな場所を見つけ、そこから腰の痛みへと向かいました。痛みのある部分に意識を集中すると、こちらを拒絶しているような暗い塊が見えました。赤と黒が混ざったような色でした。それを観察していると、腸がだんだん重くなり、動きはじめるのがわかりました。わたしはその塊に尋ねました。なぜそこにいるの？　わたしになにを示そうとしているの？　すると、それは、態度をさらに硬化させ、こちらに背を向けたように見えました。わたしはもう一度尋ねました。あなたの話を聞きたいの。もう無視したりしない。わたしはなにをすればいいの？　すると、ふいに悲しみがわいてきました。怒りやフラストレーションは、悲しみを覆い隠す仮面にすぎなかったのです。わたしは尋ねました。この悲しみはなんなの？　わたしになにを伝えようとしているの？　すると、それは、「あなたは真の自分を見せていない、ほんとうはもっとずっと価値のある人間なのに、世間に本来の姿を見せていない」と言いました。悲しみを感じないふりをし、感情を抑えこむたびに、腰が痛くなるのだと――。腰の痛みは、わたしがどれだけ自分に正直に生きているかのバロメーターだったのです。

つぎに紹介するのは、わたしのクライアントの体験です。マルシアは5年前のけが以来、足首にずっと痛みを抱えていました。彼女は痛みのある部分に意識を集中しました。すると、足首は、まずひざへ行けと言いました。ひざへ行くと、固く冷たい金属のようなブロックがありました。ブロックからはなにかを警戒しているような雰囲気が感じられました。マルシアが尋ねました。それはなに？　なぜそこにあるの？　すると、ブロックの色が明るくなり、足首が痛み出しました。やがて、ブロックは彼女が5歳のときに使っていた寝室に変わり、兄が彼女を激しくいじめている光景が見えました。

マルシアは、そのブロックが兄に対するわだかまりであることに気づきました。つづいて、5歳の彼女が兄を思いきり蹴り、つま先と足首とひざを痛める光景が見えました。マルシアはそんな出来事があったことじたい、すっかり忘れていました。彼女は、この自己防衛的かつ攻撃的な行為の記憶が依然として細胞のなかに残っていて、それがいまでも自分からひととの出会いや新しいチャンスを遠ざけていることに気がつきました。ブロックを手放すのになにか利用できるものはないかと尋ねると、ジャックハンマーが差し出されました。彼女はそれを使ってブロックを砕きました。すると今度は強力な掃除機が現れたので、それで砕けた残骸を吸い取りました。あとにはなにもない広々とした空間が残りました。彼女は導かれるままに、その空間を光で満たしました。

このクリアリングのあと、彼女の脚は以前よりもまっすぐに、そして丈夫になりました。足首の痛みはすっかり消えました。それだけではありません。細胞が過去の出来事から解放されたことで、彼女の人生は大きく広がりました。ひとに対して以前ほど警戒心をもたなくなり、一瞬一瞬をより素直に楽しむことができるようになったのです。

このメソッドを週1回のペースで実践することをお勧めします。もちろん、必要であれば毎日行ってもかまいません。

テクニック２　ネガティブ・ストーリー・プロセス

わたしたちはだれしもストーリーをもっています。そして、ときに、そのストーリーにこだわりつづけます。親が、友達が、上司が、「わたしにひどいことをした」。そうしたネガティブな出来事にこだわってしまうのは、それが依然として体のなかに滞っているからです。過去のネガティブな思考やその残骸が体のさまざまな場所に残っていると、それらはちょうど川に落ちた大きな岩のようにエネルギーの流れをせき止めてしまいます。エネルギーの流れがせき止められると、具合が悪くなり、身体的苦痛、あるいは感情的苦痛、精神的な疲労（記憶の喪失など）を感じるようになります。そして、エネルギーの流れが滞ると、求めるもの、ほんとうにほしいものも流れてこなくなります。

エネルギーの流れを回復させるには、自分がこだわっているストーリーをクリアにし、自分のなかの感情を見つめ、それがどのような形で体に現れているかを知ることが必要です。わたしたちの体は、感情レベル、無意識レベルでの習慣的な機能不全を見つけ出す、最高の診断ツールなのです。

- ネガティブなストーリー、自分は被害者だと感じる出来事を自分自身に語ります。

ただし、かける時間は１、２分にとどめること！

- テクニック１を使って、体の内部を観察します。そのストーリーは体のなかにどんな感覚を引き起こしましたか？　体のどの部分にネガティブな感情が生まれましたか？　それをあえて感じてください。
・そこで自分にこう言いましょう。「わたしはもうこんなふうに感じたくない」
・つぎにこう尋ねます。「わたしはどんなふうに感じたいのだろう？」。みぞおち、あるいは心臓のあたりに意識を集中させて、自分がどう感じたいのかを探ります。
・その新しいポジティブな感情を心から体全体へと広げていきます。新しいポジティブなエネルギーが流れてきたのを、体はどう感じていますか？　安らぎ、喜び、自信、充足感といった感情に体はどう反応していますか？　体のどの部分にこのすばらしいエネルギーが感じられますか？　しばらく体のなかにとどまって、新しいポジティブなエネルギーを堪能しましょう。
・ではつぎに、この新しいポジティブな気持ちとともに生きる人生はどんな感じかを思い描いてみましょう。体が感じているポジティブな感覚をストーリーのなかにしっかりと植えつけます。ポジティブなエネルギーと真に一体になったとき、人生はどんなふうになるか、具体的に描写してみましょう。
・そのストーリーをあらためて体のなかに戻し、感じてみます。

過去のストーリーにこだわり、心が被害者のままでいると、「引き寄せの法則」に従って、そのエネルギーがますますネガティブなものを引き寄せます。ここで紹介したテクニックを使って、体のなかにポジティブな感情を定着させ、真に求めるものを引き寄せましょう。

クリアリング・メソッド⑩
感情のメッセージをキャッチする

肉体は心が具体化したものだ。

――レスター・レヴェンソン

20年ほど前、いまも使いつづけているあるクリアリング・メソッドと出会いました。何人かにそのメソッドを教えましたが、彼らもやはりずっと使いつづけています。この章では、そのメソッドを紹介したいと思います。自分がクリアでないと感じたら、いつでも気軽に使ってみてください。

やり方はとても簡単です。わたしの経験では、自分がクリアであるかどうかは「感じ」でわかります。クリアでないときは、かならずなんらかの心地悪さがあります。それは、怒りとして感じられるかもしれません。あるいは、不安、いらいら、フラストレーション、悲しみ、無気力、鬱という形で現れるかもしれません。この「心地悪さ」はあなたを落ちこませます。しかし、同時に、あなたを目覚めさせ、ほしいものをより確実に引き寄せられる状態へと導くのも、この「心地悪さ」なのです。

では、説明をはじめましょう。

1　あなたは心地悪さを感じています。それは、「不幸せ」な状態がある特定の形をとって現れたものです。あなたは、「わたしは不幸せなわけじゃない。怒っているんだ！」と言うかもしれません。しかし、怒りは「不幸せ」のひとつの形なのです。どんな言葉でもかまいません。自分にしっくりくる表現を選んで、それを受け入れましょう。

2　その気持ちをあえてまるごと感じます。わたしたちはつねに、心地の悪い感情をなんとか排除しようとします。お酒でごまかしたり、食べ物に逃げたりします。逃避の方法はいくらでもあります。ジョギングをするひともいれば、買い物に走るひともいます。ひたすらふてくされるひともいれば、ものに当たるひともいます。でも、ここでは、なにもせず、ただその気持ちと向き合ってほしいのです。けっして気分のいいものではないでしょう。しかし、これが自由への第一歩となるのです。

3　その気持ちを描写しましょう。もし頭痛がするなら、薬を飲むのではなく、あえて痛みを感じてください。痛みに意識を向けて、それを描写してみます。痛みはどの程度の強さでしょうか。痛みの範囲は？　色にたとえたらどんな色？　深さはどのぐらい？　正解も不正解もありません。これらの質問は、意識を痛み、あるいは気持ちに集中させるためのものです。そうしているうちに、不思議なことが起こります。それまで感じていた痛み、あるいは気持ちが、徐々に消えていくのです。

4　最後に、その気持ちに、なにを訴えようとしているのか尋ねます。感情はすべて理由があってそこに存在するのです。なんらかの教えがそこにあるはずです。あなたが教えを学べば、その感情は役目を果たし、消えていきます。目を閉じて、気持ちに意識を集中しましょう。たとえ気が進まなくても、あえてそうするのです。そして、それが語りかけてくるのを待ちましょう。心理ゲームのように思えるかもしれませんが、えられた答は、ときに、あなたを痛みから喜びへ、失敗から成功へといっきに飛躍させることさえできるのです。

4つのステップで、滞っている感情と真正面から向き合い、それが伝えようとしているメッセージを聞き出せば、このメソッドは完了です。メッセージが聞こえたら、あなたはクリアになったということです。どうですか、簡単でしょう?

静かに内側の「不安」を見つめてみる

わたしが最近、このメソッドを使ってクリアリングを行ったときのエピソードをお話ししましょう。

わたしは全米マジシャン協会の終身会員です。先日、地方支部の月例会でマジックをひとつ披露するよう依頼されました。観客はみな、プロのマジシャンです。家族や友達の前でやるのとはわけがちがいます。

わたしは不安になりました。月例会のことを考えると憂鬱になりました。プロのマジシャンたちをあっと言わせるようなマジックはないかと、３日かけてあれこれ試してみましたが、満足できるものは見つかりませんでした。家にはすでにそれまで買い集めたマジックの道具が数万ドル分もあるというのに、新しいものを買い足しさえしました。

その間ずっと気分はふさいだままです。そして今度は、月例会に出ないという選択肢について考えるようになりました。別に出なくなってかまわないじゃないか。お金をもらうわけじゃないんだ。だいたい、だれもぼくのマジックなど見たいと思っちゃいない。招待を受けるのも断るのも、こちらの自由だ――。

しかし、「恐いときは、あえて立ち向かう」というのがわたしの経験則です。

わたしは月例会に出ることを決めました。問題は、この気持ちをどうするかです。不安はどんどん大きくなり、しまいには体調までおかしくなりはじめました。左耳が痛み出し、自分が軽い鬱状態に陥っているのがわかりました。

さすがにまずいと感じたとき、ふと、このクリアリング・メソッドを思い出しました。わたしはこれを「**バイタルメッセージ**」と呼んでいます。「バイタル」という言葉には、「不可欠な」「きわめて重要な」といった意味がありますが、感情が伝えようとしているメッセージはまさに自分を解き放つのに不可欠な鍵となるからです。

わたしは自分の内側に意識を向けました。体のなかの「不安」を見つめました。それを無視したり、むりやり抑えこんだり、なにかに逃避したりすることもできましたが、わたしはあえて向き合うことを選びました。批判せず、ごまかしもせず、挑むこともせず、ただ静かにその不安を感じてみたのです。

そうして数分が過ぎたとき、突然、はじめてマジシャンに電話をかけたときのことを思い出しました。わたしはまだ小学生で、おそらく12歳にもなっていなかったと思います。近くの大きな街に住む、あるマジシャンの電話番号を手に入れて、電話をかけたのです。それは、マジックにあこがれていたわたしがはじめて本物のマジシャンに接した出来事でした。

ところが、電話に出たマジシャンは泣いていました。わたしが電話をするほんの数分前に、母親が亡くなったことを知らされたばかりだったのです。わたしは戸惑いました。まだ子どもで、お悔やみの言葉など知らないし、死がどういうものなのかもよくわかりませんでした。わたしはただ「さようなら」と言って電話を切り、やがて電話をしたことじたい忘れてしまいました。少なくとも、そう思っていました。

しかし、潜在意識は忘れていなかったのです。そのときの体験は、その後のわたしとマジックとの関係に消えない染みを残していたのです。

わたしのなかの「不安」はこう言いました。「おまえは、マジシャンを相手にすると、自分はかならず最悪のタイミングで場ちがいなことを言ったりやったりすると決めつけている」

メッセージを受け取ったとたん、不安は消えました。あっけないほど簡単に消えてなくなりました。子どものころの出来事を大人の目でもう一度見つめかえし、あれはたまたま起こったことで不可抗力だったと悟ったとたん、わたしは自由になったのです。

気になっているかたのために、一応、結果を報告しておきますと、月例会には行きました。マジックとマーケティングについてかなりくだけたスピーチをし、そのあと読心術のトリックを披露しました。マジックは大成功でした。何度も大きな拍手が起こり、ジョークを言うたびに笑い声がどっとあがりました。パフォーマンスが終わると、みな、わたしのもとへやってきて、口々に賛辞の言葉をかけてくれました。

これこそ、真の魔法《マジック》です。感情が伝えようとしたメッセージに耳を傾けたことで可能になった魔法なのです。

つぎのスペースに、あるいはあなたの日記に、あなたがいま感じている気持ち、あるいは最近抱いた感情を書いて、4つのステップを実践してみましょう。

1　それはどんな感情ですか？

2　数分間、その感情とともに静かに過ごしてみましょう。

3　その感情を描写してください。大きさは？　場所は？　色は？　深さは？

4　その感情はどんなメッセージを語りましたか？（自分で創作してもかまいません。あえてでっちあげたメッセージは、思いのほか核心に近かったりするものです。）

Part 3 : The Miracles

第3部
成功するためのもうひとつの法則

世の中は考えるひとたちにとっては喜劇であり、感じるひとたちにとっては悲劇である。

―― ホーレス・ウォルポール（作家・ゴシック小説の祖）

「奇跡のコーチング」とはなにか

あなたがほんとうに自分のことをわかっていると信じているのなら、自分がなりたい人間にいまなっている姿を、あえて想像してみるべきだ。

——ネヴィル・ゴッダード

15年ほど前、わたしはある決めごとをしました。「自分がクリアになっていないと気づいたら、どんなときでもすぐにそれに対応するようにする」。そしてあなたがこの本で学んだ、クリアリング・メソッドのひとつに手を伸ばしたものです。ふだんはそれで十分でした。けれども、自分が心の流砂のなかで立ち往生しているような気分になることもありました。そんなとき、わたしは助けを求めて電話をかけました。

何年にもわたって、わたしは「奇跡のコーチング」を行う「奇跡のコーチ」と呼ぶひとたちとの関係を築いていきました。このことが自分にうまく働いてくれたので、ほかのひとも「奇跡のコーチ」をもてるようにプログラムを組みました。

ご存知のように、わたしは**クリアになることが違いをもたらす**ことを経験から学びました。過去には、毎日奇跡が起きるような理想の人生を送ることを考えても、自分で歯止めをかけてしまっていました。バカじゃないのか？　そんなことがありうると思っているのか？　路上で暮らすような生活なのに！

そう、あなたと同じように、いまならわかります。奇跡は起こるし、起こせることを。そして、クリアになることがそこに至るキーだということも。しかしこれには、真の難題が待ちうけています。具体的には3つの難題です——**クリアにする方法を知ること、クリアになること、そしてクリアでいつづけること**、です。

本書は、それを解決するためにあります。ここまでみなさんには、クリアになって、クリアでいつづけるための10のメソッドをご紹介しました。

しかしもうひとつ、大きな違いを生むと思われることがあります。人生のさまざまなできごとと同じように、ほんの少しの手助けがあれば、クリアになって、なおかつクリアでいつづけることもずっと簡単になるのです。

ここでいう手助けとは、「奇跡のコーチング」と呼ばれるものです。**クリアになるプロセスのなかで、パートナーをもつこと**です。

多くのひとがわたしのところへやってきて、クリアになることやクリアでいつづけること、そして日々どうやってそれをうまく実践していくかについて訊ねます。わたしは、奇跡のコーチをもつことが自分に大きなちがいをもたらしたと答えています。

クリアになること、クリアでいつづけることのいちばんの利点は、あなたがあなたらしく存在するのになにもじゃまが入らないことです。しかしわたしも、なにをやっていても古い記憶や過去の思いこみが浮かびあがってきてしまうことが多いことに気づきました。

そういった過去の亡霊がじゃまをしていることさえ気づかない場合もありました。そんなときは、ただ自分の望んでいるものが手に入らないように思えて――そして、考えつくのは、自分が望んでいないことや、やらないほうがいいことをどうやって排除するかという話ばかり。あなたも身に覚えがあるのでは？

そんなときコーチがいれば、身動きを取れなくさせている過去の記憶や固定観念を実に簡単に片づけられることがわかりました。そこで、わたしは「奇跡のコーチング」のプログラムを作ったのです。

「奇跡のコーチング」は、思いこみをクリアにするプロセスを引き受ける、独特の方法です。だれかがそこにいて、あなたが思いこみをとらえるのを手助けする――違いをもたらすのは、そこです。外部の心があなたに見えないものをとらえてくれる。あなたはコーチと話すことで、それが見えるようになります。

「奇跡のコーチング」はどのように働くか?

よく言われることがあります。「ジョー、『奇跡のコーチング』に効果があると聞いたんだが、どんなふうに働くんだ？　なにがそんなに効果的なんだ？」

ここで、「奇跡のコーチング」をパワーアップさせる4つの要素を記しておきます。

①プログラムの企画と構成
②「奇跡のコーチング」の手順
③コーチの専門知識
④個々に対応したプログラム

それぞれを詳しく見てみましょう。相乗効果で働き、あなたがひとりでできることよりもいい結果となるよう手助けする要素です。

①プログラムの企画と構成

わたしたちがプログラムのために作った構成は、奇跡のための強力な土台となるよう考慮されています。

・時間

セッションはふつう3か月から半年の間、毎週行われます。この時間の枠組みは、深く根づいた固定観念が表面にうかびあがってきてクリアになり、あなたが「引き寄せの法則」への理解を深めるのに効果があります。セッション以外にも、コーチが電子メールのやりとりをしたり、セッションの合間の臨時コーチを引きうけたりしてくれます。

・フィールドワーク

セッションの間の実践練習や学習の教材は、「奇跡のコーチング」プログラムの成功への鍵になるものを含んでいます。ここで奇跡が、人生の表舞台に姿を現します。これらの実践練習を行うことで、クライアントは、自分の心を引きつけて探求するための会話術のたぐいを身につけます。クライアントは、古いものの考えかたを改める能力を身につけ、将来に対する新しい可能性を自覚するようになります。フィールドワークについては、しばしばこう言われます。「これだけでも、プログラムの料金に見合う価値があった」

・フィードバック

「奇跡のコーチング」のプログラムで学んでいることを実践しながら、フィードバックを利用できるのはだいじなことです。ときどき自分が正しい道の上にいるという確証をえるには、疑いを取りのぞいて行動を起こすだけでいいのです。

・公約と説明責任

わたしはこのプログラムを企画したとき、奇跡を生みだすプロセスの一部は、あなた自身の「重要さ」について説明責任があることだと発見しました！

「奇跡のコーチング」のプログラムは、あなたにその自分の「重要さ」について説明責任をもたせます。たとえ実際には責任がなくとも、です。最初はまず、あなたとコーチが交わす基本的な合意や、プログラムの進行につれて交わされる約束のなかで、あなたのコーチが（もちろん、愛情をこめて）あなたに説明を求めます。

これと同等のプロセスが、奇跡のコーチがあなたの成功を約束することです。だからこそコーチたちは、ほかの状況では向き合うのが不愉快になるかもしれないような話題についても、あなたと話をしたがります。なんでも踏み越えかねないほどの意欲に満ちたこの公約は、奇跡のコーチがあなたにくれる最高の贈り物のひとつです。

不愉快なできごとに積極的に向き合って、対処するのが大変かもしれないことについて話してくれるひとがいると、わたしは本当のパートナーをえたと感じます。

②「奇跡のコーチング」の手順

このプログラムを作ったとき、数多くのさまざまな資料から情報を引用してきました。『引き寄せのファクター』『ザ・シークレット』『ゼロ・リミッツ』、それにまだ刊行していない秘密などです。わたしはこのメソッドの多種多様ぶりが、プログラムのすばらしい効果をつかさどっていると信じています。そしてクライアントによって試され、吟味され、最後に実証されたのは、「『奇跡のコーチング』の手順は、奇跡を生みだすという約束を果たす」ということでした。

③　コーチングの専門知識

奇跡のコーチは、コーチングやスピリチュアルなど実に幅広い世界から集まったベテランぞろいです。わたしがひとりひとりを訓練し、資格を与えました。彼らの専門知識のおかげで、人びとはこれほどまでに速い進歩をとげているのです。

④　個々に対応したプログラム

『これがあなたの人生（This Is Your Life）』というテレビ番組を覚えていますか？　出演したひとがだれかについて語り、そのひとがどれほど自分たちのために行動してくれたか、そしてなぜそのひとがほめたたえられるべきなのかを述べる番組でした。そう、この本の場合、対象になるのは「あなたの」人生であり、「あなたの」奇跡です。あなたはその奇跡がもたらすほうびを受けとる価値があるのです。

奇跡のコーチはそこにいて、あなたが奇跡のような人生を送るのを支えてくれます。コーチは男女いずれであっても、あなたがいまどの段階にいるか、なにを成し遂げたがっているか、ほかにどんなトレーニングを受けてきたか、学習スタイルはどんなものかを考慮して、これが本当に「あなたに」ふさわしいプログラムかを確認するためにほかのファクターさえも考えてくれるでしょう。

たとえば、情報は必要性の度合いによって、異なる順序や異なる深さで届けられることがあります。そのときあなたのコーチは、ほかのクライアントにはなかったり興味をもたれなかったりしたプログラムの方針や違いを、あなたに対しては重要視するかもしれません。


構成、手順、専門知識、個別対応といった、これらの要素すべてに加えて、奇跡のコーチの献身ぶりが、このプログラムが成果をあげる手助けとなるのです。

奇跡のコーチとはどんなひと？

この質問の答えとして、ぜひ知っておいていただきたいことがあります。わたしがコーチといっしょに活動していたとき重要だったのは、コーチが知的で、思いやりの心をもち、他人に深い思いを寄せ、さまざまな問題に対応できる幅広い経歴があることでした。だからこそわたしが認定する奇跡のコーチたちは、多くの分野から集まってきていて、さまざまな道を歩んで「奇跡のコーチング」にたどり着いているのです。作家や芸術家、専門職のサラリーマンなど多士済々。経営やマーケティング、トレーニングの師です。そしてそれぞれが、長い間学んできたものを惜しげもなくよろこんで他人に与えられるひとなのです。

わたしはやがて、奇跡のコーチたちがすばらしい人生を送る達人であることに気づきました。

そしてその技が、成果を出すという約束と合わさって、すばらしく奇跡的なことが起きる可能性とクリアな状態とを生みだす環境をもたらしてくれることにも。

もしあなたが奇跡を生みだそうと考えて、過去に対してクリアになり奇跡的な未来を作ろうとして、それを手助けしてくれるパートナーを求めるのなら、「奇跡のコーチング」に問い合わせてみてください。

さらに詳しい情報については、www.miraclescoaching.comをごらんください。

「奇跡のコーチング」実践編——テレビセミナー抄録

リー・フォランダー　リー・フォランダーです。**ジョー・ビタリー博士に認定された「奇跡のコーチ」**です。今夜はここに来られて興奮しています。今回は、これまでとは少しちがうことをやってみようと思います。その理由をほんの少し、お伝えしましょう。

わたしたちが気づいていることのひとつ、あるいはわたしがセミナーで注目していることのひとつが、聴衆のなかのだれかが質問をしたとき、自分に関係することが質問に含まれているとすぐにわかる、ということです。たとえば、自分が訊こうと思っていた質問に似たことをだれかが訊いたり、自分が以前疑問に感じていたことを思い出したり。この同時性のようなものは、だれかがひとりごとをつぶやいていたり、自分たちがただ聞いているだけのときはだめですが、わたしたちがより深いところ、ある種個人的なレベルで繋がっている会話に引き込まれているときには感じられるもののようです。そこで今夜はみなさんひとりひとりを、このテレビセミナーと繋がるレベルへとご案内いたしましょう。

わたしがクライアントと仕事をしたり、助言してくれるメンターたちと話をしたりしていると、想像はつくと思いますが、かなりむずかしい質問がいくつかとんできます。そこでわたしたちは、**そういった質問とみなさんが送ってこられた質問とをいっしょにビタリー博士のところへもっていき、答えてもらうことにしました。全部で10の質問です。**わたしたちとしては、奇跡的な人生を送ろうとがんばっているみなさんに、今夜はすばらしい洞察力を身につけていただこうと考えています。そして、みなさんがこういう対話に慣れていらっしゃらなくても、わたしたちが選んだ幅広い質問は、かならずお役にたつものとなるでしょう。

では、みなさんが人生の旅の初心者でも慣れたひとでも、まずは腰をおろしてリラックスしていただきましょう。ご紹介します。ジョー・ビタリー博士です。

そちらにいらっしゃいますね、ジョー。

ジョー・ビタリー　はい、こんばんは。

リー　こんばんは。ではまず、最初の質問からいきます。①「**昼の日なかから、変な固定観念に悩まされているとします。ひどくいらいらしていることに自分でも気づいているのですが、どうすればいいでしょうか？**」

ジョー　いい質問ですね。ちょうど今日、わたしにもそんなことが起きました。どう対処したか、ふりかえってみましょう。**最初にやったのは、固定観念を認めることでした。**

固定観念とへたに戦ったりすると、パワーを奪われてしまいます。戦うと、自分のなかで固定観念をずっと自覚しつづけるだけになって、固定観念は「にかわ」のようにくっついてしまいます。

そこでわたしは言いました。「うん、そこにあるのはマイナスの思いこみだな」。そしてそれを意識しました。意識するというのは大切なことです。「意識する」ことなく感情にふたをすることもできますが、自分の経験から言わせていただくと、感情を生かしたままふたをすると、ふたたび感情が湧きあがったときにどうなることやら。表面に、それも変なかたちで出てくる可能性があります。急に腹をたてるかもしれないし、あるいは急に涙を流すことになるかもしれません。場違いな場面で感情をあらわにしてしまうかもしれません。そもそも、その感情をきちんとわかっていないのですから。

そこでわたしは、自分の感情を自覚したり意識したりしたときには、その感情を認識してから、そこに存在するのを許すようにしました。本当は望んでいないけれど、認めるのです。もしそのときに自分が少し悲しくなったり腹をたてたりするようなら、その感情には去ってもらおうと考えます。しかし自分が意識して「うん、そこにある」と言えるような状況で、ほんのちょっとの間だけいっしょにいるような感情なら、戦わずともその感情は散り、あるいは溶け、あるいは蒸発していきます。

そして次にやることは、もっとよい思考に手を伸ばすことです。マイナスの思いこみがやってきたとき、それがどこから来たかなどわかりません。わたしの自意識のなかで泡だってきたのです。もしかすると目にしたり、耳にしたりしたのかもしれません。あるいはニュース速報を見たのか、メールをもらったのか。その感情がどんなものかは、だれにもわかりません。けれどもたまたま起こったその感情がどんなものであっても、それはそれでいいのです。わたしは、もっといい気持ちになれる思考に手を伸ばします。それこそがわたしのモットーといえるでしょう――**いい気持ちになれる思考に、手を伸ばす**。

あなたを悩ませる思いこみがあったら、まず受けいれ、意識し、表現し、そしてそのままにしておきましょう。そして、思いこみに代わるものに手を伸ばしましょう。それとは反対のものに手を伸ばすのです。

拙著『引き寄せのファクター』では、**第1段階は「自分が望んでいないものを知る」ことです**。いまの質問の、昼間にやってきた固定観念は、おそらく望んでいないものでしょう。**第2段階は、「自分の望んでいるものを選ぶ」です**。いい方法のひとつが、自分の気に入らない思いこみを単純に引っくりかえしてみることです。たとえば「○○が足りない」といったようなよくある思いこみが現れたとしましょう。お金が足りない、食べ物が足りない、愛が足りない、なにかが足りない。つまり、足りないものがあるという、よくある思いこみです。反対の思考はというと、だれにでもつねにお金が十分すぎるほどめぐってくることはある、とか、支払期日がきた勘定を払うのに十二分に金がある、とか、支払い期日はずっと先なのに……とか。ここで大切なのは、みなさんはもっといい思いこみに手を伸ばすということです。みなさんはそれを選ぶ。コントロールできる。

わたしならそうするでしょうし、実際、そうやっています。

リー　なるほど。そうすれば、その思考だの思いこみだのにほんろうされるのではなく、本当にやるべきことに導かれるわけですね。

ジョー　みなさんはこれまで自分の過去の犠牲者でしたが、この瞬間からもう、犠牲者になることはありません。わたしはただ、引っくりかえす方法をお話ししただけです。いま、みなさんは目覚めたのです。選ぶことができます。そしてそれは、このセミナー、このプログラム全体のなかでも最高に美しいことです。みなさんはいまや、**選ぶことができる。パワーを取りもどせる**。うきうきするような話ではありませんか。

リー　いや、すばらしい。では、次の質問、赤ちゃんについてです。②**「赤ちゃんは『引き寄せ』ますか？　たとえば、せん痛とかおならとか、あるいは出生異常などの深刻な問題もですが」**

ジョー　その質問は最近急に増えましたね。実に興味深い。みなさん、映画の『ザ・シークレット』をごらんになっていますね。まだ見ていないひとは、ぜひ。アマゾン・コムにアクセスするだけです。書店にもありますし、もしくはサイトのwww.thesecret.tvをごらんください。オプラ・ウィンフリーもあの映画の話をしています。ラリー・キングは自分の番組で紹介し、その番組にはわたしも出演しました。エレン・デジュネレス（注：アメリカの女性コメディアン）も。「タイム」誌も取りあげました。「ニューズウィーク」誌はあらすじをのせたばかりです。おおげさにいえば、世界じゅうを駆けめぐっている噂、それが「引き寄せの法則」の話なのです。そしていまでは疑い深いひとも心底興味のあるひとも、質問をしてきます。みんな、どこからともなく湧いてきたのです。

リー　そうですね。

ジョー　そしてその人びとは、赤ちゃんが自分にものごとを引き寄せるのか、というような質問をしてきます。赤ちゃんが無心で生まれてくるとして、生後6週間でもう病魔におかされる赤ちゃんがいるとしたら、それは赤ちゃんが引き寄せたのでしょうか？　わたしの見解は「イエス」ですが、ただこれはわたしたちみんなが無意識のレベルで引き寄せているようなものです。

わたしたちが交通事故に遭ったりすると、首を横にふって、なんてことだ、ひどい、だれかがしむけたのだ、これはまぼろしだと考えます。現実には、わたしたちはそれを**無意識のレベルで引きこんでいる**。これは、近ごろのわたしのメインテーマのひとつです。わたしも含めて、ひとはみな、もっともっと意識することが大切なのです。

わたしには、赤ちゃんはみな、ある種のプログラムを持ってこの世に生まれてくるようにみえます。考えてみてください。双子の赤ちゃんがある家族に生まれてきたとき、同じ両親によって育てられ、同じ教育制度のもとで学び、同じ宗教施設にかよい、いっしょに社会的な活動を行うのに、それぞれまったくちがう個性があって、またその個性を持ってこの世に生まれてきたようにみえるのですから。

そこでわたしは、赤ちゃんはなんらかのプログラムをたずさえて生まれてくると考えます。性格の部分、遺伝子の部分、そしてその肉体的な経験の部分。どこがはじまりなのかは知りません。わからないので、神か仏か、はたまた別のものにいつか訊ねてもいいかもしれません。しかしわたしの見解では、赤ちゃんも含めて、わたしたちはあらゆることを引き寄せますが、**それを無意識でやっているということになります**。

リー　わかりました。こういった話を目新しいと思うひとがいるかもしれません――だれかしら、新しい参加者はいるでしょう。たとえば、これからはじめようというひとに話すと考えましょう。その場合、どのようにはじめるといいですか？

ジョー　どのようにはじめるか？　そうですね、自分の人生をどんなふうにしたいかというアイデアを楽しむことですかね。いい質問です。人生にどれほど立ち向かっていけるか、というような質問と同じ系統ですね。具体的に言うと、自分の人生をどんなふうにいろどりたいか。

わたしがこれらの質問をしているときに、みなさんには可能性について考えていただきたい。問題を考えていただきたくはないのです。

すべては、**自分が望んでいることに意識を集中するというアイデア**とともにはじまります。

そして『引き寄せのファクター』や映画『ザ・シークレット』や、オプラ・ウィンフリーもときどき言っていることですが、意志がこの世を支配します。

そこでみなさんにお勧めするのが、まず最初に自分の意志をあきらかにすることです。わからないひとのために言いますが、ここでいう意志とは、あなたが望む特別な結果がどんなものか、ということです。体型をある状態にしたいとか、いつまでにこれぐらいの体重にしたいとか、そういったことでもかまいません。特別な車を手に入れたいとか、それが特別仕様とか、限定モデルとかでもいいのです、会社での地位を求めてもかまいません。毎月の収入の大幅増というのも、ありえます。ここでは一般論として言っていますが、みなさんの心のなかでは、もっと具体的にする必要があります。

意志をあきらかにするということ――自分の望むことを公表し、自分の人生の可能性を楽しむことで、まさにその方向に向かっていくプロセスに着手するわけです。これこそ、人生はすばらしく、奇跡的で、魔法だと思えることのひとつです。みなさんが意志をあきらかにしたときに最初に起きるのは、身体と心とが調整するようになって、自分の意志の方向にむかっていくことです。

わたしのお気に入りの話をしましょう。あなたが新しい車を買うとき、もしフォルクスワーゲンを買うとしたら、それを買う前に、あちこちでその車に目がいきます。買ったあとはいたるところでその車が目について、まるでフォルクスワーゲンの大軍が押し寄せてきたように感じるかもしれません。あなたの心が見落とさないようになったのです。それは、あなたが集中したからです。

意志に集中すると、心も身体もその方向に向かいはじめます。これは心理学のごく基本です。集中するとそれがなんであれ、いっそう多くのものを手に入れます。けれども形而上学的にいうと、宇宙そのもの、つまりそのすべてのエネルギーが勝手に再調整することで、あなたに意志をもたらしたり、意志を出現させるような状況に追いこんだりするようにもみえます。

みなさんがはじめるのは、自分の意志を楽しむところからでしょう。なにを望むか。人生をどうしたいか。人生に立ち向かっていけるか。本当に変えたいものはなにか。それからもう一度言いますが、みなさんは**問題ではなく可能性に集中します。結末に、望む方向に集中します。**わたしにとっては、これが面白いところです。すべてはここからはじまります。

リー　わかりました。それに関連して、つぎの質問です。これは知りたいひとがたくさんいるでしょう——「**どうしてそんなに長い時間がかかるのか？　プラスのことよりもマイナスのことを引き寄せるほうが楽なようにみえることがありますが**」。これだとふたつの質問になりますが、実際はとても似ています。

ジョー　ええ。すばらしい。どちらもすばらしい質問です。ふたつめの質問はまたあとで教えてください。まずひとつめから。

リー　③「どうしてそんなに時間がかかるのか」、です。

ジョー　なるほど、時間がかかるのはなぜか。わたしは先週日曜日にワールド・ウェルネス大会で講演しました。土曜の夜には、ディーパック・チョプラ氏が講演をしました。わたしの担当は日曜の朝で、満員の大盛況でした。実際、床にすわっているひともいましたし、100人以上のひとが入れずに部屋の外で立っているような状況だったのです。

リー　わたしもその場にいました。すばらしかったです。

ジョー　あそこに？　それはどうも。あとでお会いしましたが、部屋にいらっしゃったとは。そのときのメッセージの部分は、とても単純なもので、**3つのステップ**についてでした。ここでまたくりかえし言おうと思います。とても重要なことですし、さっきの質問にも関連するからです。

宇宙、神とか創造主とかいうこともできますが、生命のエネルギー、生命力、そのほかなんでも好きなように呼んでください。ここで言う力は、わたしたちみんなが持っているものよりもはるかに大きく、聡明で、強いものです。わたしは創造主と呼びますが、とにかくみなさんがなんと呼ぼうと、その創造主はずっと情報とエネルギーを送り、そして受けとりつづけています。これがまず、心に留めておいていただきたい**1つめのステップ**です。送って、受けとって、やりとりしていること。

2つめのステップですが、みなさんとやりとりしているものは、みなさんの思いこみのシステムというフィルターを通っていることを心に留めてください。これはとても重要です。こちらに送りこまれるエネルギーはとても純粋なものですが、それがみなさんにぶつかると、自分に可能性のあるものについて先入観を抱くようになります。現実性についての先入観も。自分の価値についての先入観も。そしてエネルギーは通り抜けるとき、思いこみのフィルターを通したものになるのです。

3つめのステップは、みなさんが結果を手にするときです。結果を見ているときでさえ、その解釈は先入観というフィルターを通しています。

つまり、ものごとがみなさんの思いどおりの速さで起こらないのだとすると、十中八九それは先入観の範囲で考えているからなのです。

わたしは、不可能なものなどないという考えにくみしています。人間がまだやったことのないものがあるかどうかは知りませんが、わたしの考えかただと、不可能なものなどありません。やりかたをまだ知らないかもしれないけれど、きっとその方法を見つけたり、工夫して生みだしたりできるはずです。

だからもし起こっていないことがあるなら、ひとの思いこみにぶつかってじゃまされているのかもしれません。その思いこみは「それができるなんて信じられない」というものかもしれません。あるいは「自分は本当はそんな価値などない」とか。「それが本当に来たら、お金がかかってしかたがない。税金がかかってしまう」とか。どんなことが起こるにしても、です。

もう一度言いますが、わたしだって思いこみを作ってしまっています。けれども聞いておられるすべてのひとに、このことについて考えていただきたい。みなさんが、自分が望む結果を明らかにして、その後失望感を抱くようなことがあるとしたら、それはおそらく、思いこみをもっているというシグナルなのです。**その思いこみが、望むものが現れないようにさせているのです**。ですからわたしは「願望をじゃまするような思いこみがあるとしたら、それはどういうものなのだろう?」というアイデアを持って、それを見つめ、楽しむことをお勧めします。表面にうかんでくるものもあるでしょうし、答えになるものもあるでしょう。うかびあがってくると、ばかげたものかもしれません。

わたしは日曜日の話のなかで、自分の収入がゆっくりと増えていて、ある一定のレベルに達したとき、しばらくの間、そのレベル以上に稼げなかったことを語りました。一年じゅう横ばい状態だったのです。そのとき、こう考えました。「なぜだろう? こんなにはっきりした意志があるのに。神様が耳をかたむけて、助けようとしてくださっていると信じているのに。最善をつくしているのに、障害物にぶつかっているみたいだ。どうしてスピードが出ないのだろう? なぜお金を稼げないのだろう?」。そして自分の思いこみを見つめると、そのなかのひとつとして浮かんできたのが、自分の親よりも稼ぐことに罪悪感を感じているというものでした。日曜日にその話をすると、あなたも覚えておいででしょうが、聴衆からは同調するようなつぶやきが漏れました。

リー　ええ。

ジョー　そこで、わたしはその思いこみを見つめなければなりませんでした。日曜日にも少しお話ししましたが、親は子の幸せを願うものだと昔から言われています。その気持ちをあらわす方法をつねに知っているとはかぎりませんが、親はできうる最善のことをしてくれていました。父は息子のわたしが自分よりお金を稼いだとしても、誇りに思ってくれるだろうと理解したとき、また、わたしは自分だけでなく父を助けることができる、さらに家族みんなもよその人びとも助けられると理解したとき、わたしは障壁を取りのぞくことができました。ここが重要です。唯一の障壁は、自分の思いこみだったのです。

リー　それであなたは、もしかするとこれらの思いこみは、自分が成しとげたいと望むこととは関連しているようにみえない可能性がある、とおっしゃるわけですね?

ジョー　そうです、そのとおりです。

リー　でも、本当にまったく関係ないようにみえます。あの、たとえばわたしは事業を成功させたいと思っています。事業を拡大したいのです。その望みは実現していないようです。わたしの固定観念は、自分はひと好きのするタイプではないということだと思うのです。そして、それは自分の事業と直接的にはなんの関係もない。

ジョー　そのとおりですね。

リー　わたしは不動産と保険の販売をやっています。ですが、もし自分がひと好きのするタイプではないという思いこみがあるとすれば、お客がわたしのところに来ないのはあきらかですよね。

ジョー　その思いこみは、あなたがこういったセミナーに参加しはじめたり、「奇跡のコーチング」のプログラムに加わって、助けてくれるひとといっしょに活動するまでは、まったく気づかなかったかもしれませんね。

みなさんには、わたしがしていることも理解していただきたいのです。わたしをごらんになって、ああ、ジョーはなんでもやり遂げて、本もたくさん書いて、ずいぶんキャリアを重ねてと思われる。そしてどんな成功であっても、みなさんは認めてくださる。でもそんなわたしにも、まだ浮かびあがってくる固定観念があるのです。前進して、なにかに突きあたると、またコーチといっしょにがんばるのです。自分が思いこみに駆られる世界にいるだけでなく、多くの思いこみが無意識下にあるとわかっているからです。

みなさんは自分で思いこみに問いかけることができます。先週の日曜日に、その話をしましたが、このセミナーではいくつかの方法をお教えしましょう。けれどもわたしもしばしばコーチや自分とはちがう世界のひとや、目標となるひと、同じ思いこみの世界に生きていないひとに頼ることでしょう。そうすれば、わたしも思いこみの数々に気づくようになります。そしていったん気づけば、今度はそれを意識して消させるようになるわけです。

リー　そして実は、この話はつぎの質問につながります。さっきお訊ねした、④「**なぜプラスのことよりもマイナスのことのほうが引き寄せやすいようにみえるのか**」、という質問です。つまり、わたしたちが意識を集中させているのはなにか、ということでいいでしょうか?

ジョー　そうですね。一般的には、感情が人生にあらゆるものを引き寄せています。多くのひとが激しい嫌悪感や怒り、欲求不満を抱きます。そのひとたちは、その感情に集中しているために、感情にそったものをより多く引き寄せます。もし自分がほんとうに望むもののために愛や情熱と同じタイプの感情を生みだすことができれば、そちらにそったものを引き寄せられるでしょう。

よく引き合いに出すのでみなさんは笑われるかもしれませんが、日曜日にもまた車の話をしました。でもそれはわたしが超の字がつくほどの車好きで、自分の車を愛しているからです。皮肉なことに、わたしは自宅で仕事をしているので、あまりいろんなところに行きません。でかけるときは、飛行機を利用します。いまわたしは美しい愛車を3台所有していて、どれひとつとして運転していません。いま、自分が車を心から愛していて、そのために愛車がわたしの人生にかかわってくれていると感じています。わたしが愛するから、こんなにかんたんに来てくれたのです。愛こそが車を引き寄せているのです。

ひとはしばしば、自分の好きでもないことにより集中し、好きでもないことへのエネルギーを大量に生みだし、その結果外に出たエネルギーは、それに見合った「好きでもないこと」を余計に引き寄せてしまうのです。

リー　同じことをふたつやっているときに、片方だけが早く現れてくることがあるのはなぜでしょう？　あなたがいまおっしゃったことは、インパクトがありそうです。もう少し話していただけますか？

ジョー　わかりました。さっきのふたつの質問のうちの、時間がかかる話のほうに戻りますが、わたしが言っていたのは、わたしたちはその時間の部分に思いこみをもっているということです。だから、あることがもういっぽうよりも早く働いているようにみえるのですが、みなさんがよく注意してみると、そこでじゃまになっているのはちょっとした思いこみだけだと気づかれることでしょう。

もちろん、質問をしたひとのことは知りませんし、現実がどうなっているか、思いこみのシステムがどうなっているかは知りません。が、日曜日のわたしの話と、創造主の情報がわたしたちのところに来るという概念に戻ると、創造主はわたしたちになにかすることを求めて、情報を送りこんできているのです。情報を送ってきて、みなさんが意志を明らかにすると、その意志は無の状態、わたしの表現だと創造主のところへ向かっていきます。そして、結果がみなさんにもたらされることになります。これはお決まりの手順のようなもの。そのスピードを遅らせたり、止めたり、あるいはそれでも結果をもたらしたりする唯一のものが、思いこみです。結果が届こうとしても、みなさんがなんらかの理由で勝手に妨害してしまう固定観念や破壊的な思いこみをもっていたり、価値観が欠落していたりすると、届くのが遅れることになります。

リー　なるほど。もうひとつ、非常に似た質問があるのですが、これは固定観念と関係していると思います。⑤「**固定観念が別の固定観念をつぎつぎと明らかにするように思える**」、と書いてきたひとがいます。「**そこに終わりはあるか**」、ということなのですが。

ジョー　なるほど。

リー　質問したひとは、固定観念というものすべてに答えがほしいようですが。

ジョー　そうですか。それに関連していると思うのですが、あなたがまったくなにもない場所に着いたとしましょう。わたしの経験だと、実はそこには固定観念がたくさんあって、ちょうど表面にうかんできているところです。でもあなたはそれを取りこむ必要はありません。取りこまなければ、固定観念のほうは、くっついてきたものをあなた抜きで払い落とします。固定観念は表面に浮かんでくるでしょうが、あなたはただそのままにしておきます。あなたの状態はほとんど沈思黙考と同じになって、そこで思考が心に浮かぶように固定観念も浮かんできます。あなたはそれを、空を流れる雲を見るようにしていればいいのです。あなたは思いこみではなく、思考でもなく、雲でもない。あなたは観察するひとなのです。これをできるひとがいるかどうか、わたしにはわかりません。わたしもいまだに思いこみと苦戦しているからです。けれどもあなたが自分は空であって雲ではないと理解できれば、いつも本当に安らかな気持ちでいられるでしょう。

リー わあ、それはいい。すばらしいです。

ジョー 自分のためにも、いまの話をくりかえしたいのですが。

リー もちろん、どうぞ。

ジョー もしみなさんが自分は雲ではなく空だと理解できるなら、みなさんはつねに安らかな気持ちでいられるでしょう。雲は流れていく思考、空は観察しているあなた自身。もしあなたが起こることすべてを観察できるなら、あなたは超然として心安らかな、望むものはなんでもはっきり示せるような人物になるでしょう。

リー　すばらしい。それはつぎの質問に実にうまくつながります。質問は⑥「**クリアになるとはどういう意味ですか、そして自分がクリアな状態かどうか、どうすればわかりますか？**」ということです。クリアにすることについて、指導教育プログラムでクライアントとよく話をするのですが、あなたがさっきおっしゃったことがわたしの心に響いています。空がまさにそれだからです。

ジョー　まさにそのとおりです。**クリアにすることは、失われた秘密なのです**。先週の日曜にもその話をしました。わたしは「失われた秘密」と呼びました。クリアにすることについて、すべてがそうです。

クリアにすることは、世間のほとんどすべての自助プログラムにとって「失われた秘密」です。なかには例外もひとつやふたつはあるでしょうが、ほかのプログラムはおしなべてこのステップを自覚していません。あるいは、このステップの扱いかたをわかっていません。「クリアになる」あるいは「クリアにする」とわたしが言っているのは、あなたの意志がなんであれ、**実現するプロセスにおいて思いこみをもたない**という意味です。みなさんは、自分の望むものをすぐ明らかにすることで思いこみをもたなくなることがわかっていますし、自分のために明らかになっているとわかると、心穏やかでいられます。

リー　ああ、そうですね。つまりそこには、平穏な気持ちがあると。あるいは、じゃまになるものはないという気持ちですね。

ジョー　そのとおり。じゃまになるものはありません。たとえばもし……みなさんが健康に集中したり、財産に集中したり、人間関係に集中したりしようとして、自分の意志を公表して思いこみをなくすよう働きかけても、欲求不満を感じるようなことがあれば、クリアにはなっていないのです。

リー　そうですか。

ジョー　欲求不満の気持ちは、あなたがまだじゃまになる思いこみをひとつやふたつは抱えているというシグナルです。あるいは、もどかしく感じたり、ちょっと怒りを覚えたり、ずれたような気持ちやみじめな思い、深い悲しみ、不幸な気分など、とにかく楽しくないと思える感情を意識したり、あるいは意志を実現させようとしているときにこれらの感情を感じたりすれば、それはフィールドにおける赤や黄色の旗の合図と同じで、つまりあなたは固定観念をひとつやふたつは抱えているということなのです。あなたがクリアになっているときは、自分の意志を実にすばやく実行するか、あるいはそれが来るのがわかるかのどちらかで、心のなかには一点の曇りもありません。

リー　ちょっと疑問なのですが、そこにも同じように注意を払うのですか？

ジョー　その必要はありません。楽しむ心があるかぎりは、あなたは自分の意志に戻って、「こんな特別な関係をもてるなんてすばらしい、こんなにたくさんお金を稼げるなんてすばらしい」と言いつづけていられるのです。面白がっていられるかぎりは、自分の意志を思いかえしても平気です。ですが、義務感で思いかえしたり、もっと意志を強くしたいと思ったりしているようなら、自分は十分にやらなかったとか、プロセスが順調に進んでいるとは信じられないという思いこみが隠れているかもしれません。マイナスの思いこみがあるというシグナルかもしれません。

リー　いまおっしゃった話だと、自分が明るい気分で、ちゃめっ気たっぷりで、わくわくしているとわかれば、わたしもクリアである可能性が非常に高い、と。

ジョー　おっしゃるとおり。

リー　なるほど。

ジョー　キーワードがいくつかあります。わたしはよく「楽しむ心」とか「子どもらしい」という表現を使います。たとえばあなたが通りかかった店のなかをのぞいて、うわあ、あのギターをみてごらん、などと口にしたとします。ギターを弾けるのはさぞかし楽しいでしょうが、その場合あなたはそんなに貧乏なわけでもなく、のどから手が出るほど欲しいわけでもなく、別にギターがなくても不幸なわけでもなく、熱中しているわけでもなく、未練があるわけでもなく、ただ楽しむ心があるというレベルです。ギターを手にできるかどうかで生きるか死ぬかというわけではないけれど、もしそれを見たときに、うわあ、買えたらかっこいいなあと素直に言えるようなら、おそらくあなたはギターを一両日中に手にできる最高の状態にいるのでしょう。

リー　すばらしいですね。ここに、「クリアでない」ことについてもうひとつ質問です。

⑦「わたしはあるひとにたいして腹をたてていることにいつも気づいていて、固定観念ではないかと疑っているのですが、つかめていません。どうすればわかるのでしょう？」

ジョー　いい質問ですね。そうそう、わたしは土曜日の夜にディーパック・チョプラの話を聞きました。彼の本はちょっと難しいですが、読む価値は十分にあります。彼はインド人で、医者でもあります。ディーパックには、連綿とつづくヒンドゥー教の原理にのっとった歴史的背景がありますね。ディーパックの話に「外にはなにもない」というのがあって、わたしも同意します。あなたの外側にある、他人もふくめてすべてのものが幻想であるというのです。そして、すべては鏡だというのです。すべてあなた自身の思いこみを反映していると。これは実に強力です。最初は受けいれがたいかもしれませんが――

リー　ええ。

ジョー　――あなたが本当に理解したとき、意識は広がり、人生は一変します。ディーパックはこう言います。あなたを本当に悲しませたり、不快にしたり、怒らせたりする要素が他人にあるとしたら、それがなんであろうと、たいていはあなたの心のなかにある、あなたが嫌いなものと同じ要素なのだと。そして、戦うには大きすぎる相手だと。

ディーパックが土曜日に話したのは、あるセミナーに来た女性のことでした。その女性はディーパックの反感をおおいに買い、彼は子どものように「この女性は失礼だ、せっかちだ、気にくわない」と腹をたてたそうです。あらゆるネガティブな感情を抱きました。けれどもあとで考えたそうです。「ちょっと待て。自分の教えを肝に銘じなければ」。そこで彼は、嫌いな相手のなかに見つけた要素をすべて書きだしました。それから自分の広報担当に電話をしました。

「書きだしたリストを読みあげるので、そのなかでわたしが持っているものがあれば教えてほしい」。そう言うと、ディーパックはリストを読みあげました。さっき言った、気にくわないとか失礼といったことばです。すべて読みおえると、電話の向こうは長いこと静まりかえっていたそうです。ディーパックはこれはまずいと思い、もっとよく調べたほうがいいと考えました。

次に彼は妻に電話をして、また同じリストを読みあげましたが、妻の沈黙は広報担当よりもさらに長かったそうです。嫌いな女性が持っていた要素のポイントは、まさにディーパック自身が自分のなかに持っている、嫌いなものだったのです。つまり、ここではっきりさせる思いこみは他人ではなく、あなたにふりかかるものなのです。みなさんは、自分の嫌いなもののリストを作りながら、ひとに感謝することができます。直接でも、自分の心のなかででも。そして心のなかで振りかえってつぶやくのです。「これはどんなふうに自分に影響するだろうか？これまで自分では認めていなかった性格だが、どんなものなのか？」

リー　実にすばらしい。ジョー、わたしはヒュー・レン博士と、博士の「ホ・オポノポノ」のコンセプトを思い出しましたよ。けっきょく、自分の人生に現れることのすべてに責任があるという話です。わかりやすく言うと、目の前にいるひとに対して、自分のなかでどうにでも対処できるように人物像を作り上げている——

ジョー　ええ。

リー　で、それについて気分を害している。

ジョー　まさにそのとおりです。このセミナーに初めて参加するひとや、ヒューー・レン博士と、「ホ・オポノポノ」について知らないひとのために言うと――

リー　それがつぎの質問、⑧**「ヒューー・レン博士と、『ホ・オポノポノ』について教えてください」**なのですが。

ジョー　わかりました。まあ全部お話しすると長くなりますから、簡単に言うと、レン博士というひとは、触法精神障害者を収容していた病院のセラピストで、病棟にいた患者全員を癒したひとです。患者たちは、かつては危険だからという理由で手足を縛られたり、鎮静剤を打たれたりしていました。博士は「ホ・オポノポノ」と呼ばれるハワイ式の癒しのテクニックを使ったのです。そしてわたしは、このテクニックを学びました。レン博士とも会い、いっしょにワークショップを開催しました。『ゼロ・リミッツ（Zero Limits）』という本を共同執筆していますので、少しでも興味がおありなら、ウェブサイトwww.zerolimits.infoを訪れてみてください。そこでは詳しく述べていますので、博士が実践していて、みなさんにもできることがおわかりになるでしょう。しかしそれは、「外にはなにもない」ということと同じなのです。

リー　そうですね。

ジョー　そしてこれはある意味ではぎょっとすることなのですが、わたしにとっては日々の現実です。自分の人生に現れることすべてを、自分の内部を映しだしたものとして見つめなければならない。その場合、よい、悪い、普通などといったことは気にしません。そしてここで、わたしが日曜日にお話ししたことに戻ります。やって来たエネルギーはわたしのなかに入ってきますが、わたしを通りぬけるときに思いこみのフィルターがかかり、そこでわたしが注意を払って、結果に目をやります。そう、**ここでの結果はほんとうの真実ではありません。わたしの思いこみを映しだしたものです**。そして、その結果を気に入らない場合、わたしは自分の思いこみを見つめる必要があります。思いこみを変えると、ちがった結果がえられるのです。

リー　実にすばらしい。あと2つ質問があります。

ジョー　どうぞ。

リー　ひとつめは「わたしは望むものすべてを引き寄せています——」、お好きなことばでしょう?

ジョー　ええ。

リー　「――そして、ほかのひとに対してもそれを望んでいます。**⑨どうすれば他人のために、とくにわたしが学んだことに抵抗するひとに対して、引き寄せを実現できるでしょうか？**」

ジョー　なるほど。この質問に対しては２つのレベルがあります。この質問をしたひとのことを知りたいですね。こういった生命や地球に対する気高い心遣いは、聞いていてうれしくなります。

リー　お話をさきに進められるまえに、ひとつお話ししておきたいことがあります。知っておいていただきたいのですが、わたしのクライアントのほとんどが、この質問をしていたのです。

ジョー　それはそれは。

リー　本当なんです。すばらしいひとばかりです。

ジョー　それはうれしい話ですね。

リー　みなさんが知りたがっているんですよ。

ジョー　心をひらいてくださっている証拠ですね。みなさんが、自分だけでなくこの世の中を変えたいと思っておられる。

リー　ええ、そのとおりです。

ジョー　まず最初のレベルですが、わたしたちに他人の自由意志を侵害する権利はありません。他人がどういう状況にいようと、それを認めなければいけないのです。正直な話、わたしも自分の外側にいるたくさんのひとを変えたい。けれども、これから言うふたつめの部分を自分に言い聞かせるのです。ふたつめのレベルは、**他人は自分を映しだしたもの**、ということです。

リー　なるほど。

ジョー　ここで、ヒュー・レン博士のメソッドの話に戻ります。レン博士は精神障害の患者を治療しているとき、ひとりの患者も変えようとしませんでした。カルテを読んで、ひるんだそうです。患者のなかには殺人犯やレイプ犯もいて、彼らはおぞましい罪をおかしていたからです。カルテを読むにつれて、なにかが自分のなかに湧きおこるのを感じた博士は、「ホ・オポノポノ」のプロセスを自分の心のなかで行いました。自分自身の内側でそれを行うにつれて、患者が変わっていきました。

ここが肝心で、すなわち**全世界はあなたの心のなかにあるのです**。自分自身を癒すことで、外の世界も癒されます。外に出ていって、他人にちょっかいを出す必要はありません。面と向かう必要もありません。外のひとが抵抗していると考える必要もありません。それは実際には、あなたを映し出しているものだからです。あなた自身の抵抗している部分なのです。

さて、何度もレン博士のことを持ちだしましたが、ここで博士が実践したことをお話ししましょう。ここでは簡単にお話ししますので、詳しくはさきほど申しあげたサイトwww.zerolimits.infoをごらんください。基本的には、ヒュー・レン博士は自分の心のなかを見つめて、それから神とか宇宙とか生命のエネルギーとか、好きなように呼んでいただいて構いませんが、わたしが創造主と呼んでいる大いなる力に対して話しかけました。自分自身の内部で感じているものがなんであれ、博士は「**愛しています**」「**ごめんなさい**」「**許してください**」「**ありがとう**」――この4つのことばを言いつづけたのです。マントラだと思ってください。祈りのことばだと思ってください。詩でもなんとでも好きなように呼んでかまいませんが、とにかく博士はくりかえし言ったのです。「愛しています」「ごめんなさい」「許してください」「ありがとう」

ところで、博士は4つのことばを他人にむかって言っているのではありません。声にだしてもいません。だいたい、ひとを見ることさえしていないのです。博士は、あらゆるものがその一部となる、人智を超えた大きな力にむかって話しかけています。より偉大なエネルギーにむかって。ひとりごとを言っているわけでもありません。心のなかで声をださずに、くりかえしているのです。「愛しています」「ごめんなさい」「許してください」「ありがとう」そして博士は、他人を見るときの偏見を助長してしまう、心のなかの思いこみをぬぐい去ろうとします。

そして、この話は先週日曜日にもお話しした第2段階である「思いこみをクリアにする」に戻ることになりますが、博士は思いこみをクリアにして、こんなふうに言いながら創造主にお願いをしているのです。「神様、思いこみがどこから来るのかわたしにはわかりません。すみません。あなたを愛しています。わたしの意識のなかにこの思いこみを持ちこんだのがどんなものであっても、お許しください。そして、感謝します。どうかわたしをお許しください。ありがとうございます。すみません、どうか許してください、ありがとうございます、あなたを愛しています……」。ただこの4つのことばをくりかえすだけ。わたしはときどきことばの順番を入れかえていますし、みなさんも自分の好きなように入れかえていいのです。たとえ「愛しています」だけをくりかえし言ったとしても、これから起こりうるできごとのマイナスの力を弱めることができます。

ポイントは、あなたは他人を変えることはできないということです。ひとは自由意志をもっています。けれどもあなたが自分自身の心のなかに働きかけると、他人も含めて向こう側にみえるのは、あなたを映しだしたものなのです。

リー　いや、すばらしい。実にいいお話です。では最後の質問にいきましょう。⑩「**反対意志、という表現を耳にしたのですが、どういう意味でしょうか？　そして、それを持っているかどうか、どうすればわかるのですか？**」

ジョー　この質問が出てきたのは、うれしいことです。日曜日にもその話はしたので、ウェブサイトのwww.miraclescoaching.comに掲載されていると思います。わたしのブログにも、ときどきその話を書いています。ブログをまだ読んでいないかたは、ぜひどうぞ。ほぼ毎日更新していますし、つねに新しい洞察やヒントや情報源があって、しかもすべて無料ですから。www.mrfire.comを訪れると、ページの左側にブログへのリンクがあります。そこからたどってみてください。

さて、反対意志ですが。このことばの説明として好きなのが、1月1日の元日に戻って考えなさい、ということです。あなたはぜったいに、なんらかの決意を抱いたはずです。もし今年は抱かなかったとしても、ぜったいに過去にやったことがあるはずです。新年の誓いはこんなものでしょう。「毎日ジムに通う。食べすぎをやめる。タバコをやめる。ちょっと言いにくいけど、もっとデートをする」あなたはなんらかの新年の誓いをたてるわけです。最高の意志です。意志の力の強さはすでにお話ししましたが、あなたはジムに通うという最高の意志をもったのです。けれども翌日か翌々日には、ジムがどこにあるかさえもう忘れてしまいました。

なにが起こったのでしょう？　あなたは反対意志をもっていたのです。意志よりも強い、隠れた思いこみをもっていたのです。あなたの意志は「身体をきたえる、ジムに通う」でした。しかし、わたしが反対意志と呼ぶ、隠れた思いこみが、「理由はともかく、わたしはジムになんか行かない、運動なんかしない、身体なんかきたえない」とささやいて、新年の誓いをわきに追いやってしまいました。

こういった反対意志は、あなたにとってクリアにしたいものでしょう。だからこそ、「奇跡のコーチング」は強力なのです。だからこそ、さまざまなテクニックを駆使するのです。だからこそ、わたしもいまでもコーチを雇います。だからこそ、わたしたちが前進しようとするなら、固定観念である反対意志がどんなものかを知る必要があるのです。反対意志はマイナスのものです。

おおかたの場合、わたしたちは反対意志がなんであるかを知りません。けれども少しの探究と助言とで、それを掘りだし、光をあてて、追いやることができます。この世の中で前進したければ、反対意志は手放さなくてはならないものなのです。わたしの認識では、**前進をとめている唯一のものはわたしたち自身であり、それはつまりわたしたちの思いこみです。**わたしたちは、思いこみに支配された宇宙に生きています。**思いこみを変えれば、よりよい結果がえられるのです。**

リー　思いこみを変えれば、よりよい結果がえられる。そのことば、大好きです。

ジョー　わたしもですよ！　聞いておられたみなさんの幸運をお祈りします。夢にむかって進んでください！

付録

純粋な自己＝「幸福」を手に入れるための実践的テクニック

ピーター・ミシェル

※ピーター・ミシェル　www.emotionalfreedom101.com
「感情の解放」についての実践的研究者。25年にわたる研究に基づき、「リリース・テクニック」をはじめ、感情的なブロックをクリアにするさまざまな方法を、多くのクライアントに伝えている。この「実践入門編」は、氏によって本書のために提供されたもの。

※「感情」を手放すことは、ほしいものを引き寄せるためのキーのひとつです。最後に「付録」として、ピーター・ミシェル氏による「感情を手放す」ための実践入門編をお届けしましょう。

感情とはなにか

感情は、生きていくために心が設定するプログラムです。ところが、実際は、生きることを妨害するものとなっています。感情は過去に基づいて設定されるプログラムであるため、わたしたちをつねに過去の体験に基づいて行動させます。そのため、わたしたちは、各瞬間に対して純粋に反応すること、つまり、一瞬一瞬を存分に生きることができなくなるのです。

感情は、反応する能力、識別する能力を低下させます。激しい感情にとらわれると、たとえば、電車が迫ってきているにもかかわらず、それが目に入らないまま、線路の上に立ちつづけるということさえ可能になります。感情は、ひとを完全に支配することができます。感情を所有しているつもりが、無意識のうちに感情に所有されているのです。こうしたプログラムは、すべてあるひとつの場所から発生します。欲求——すなわち、満たされていないという気持ちです。

感情はどこにあるのか

感情は心のものですが、さまざまな感覚となって体に現れます。体は、心と習慣的思考が拡張（あるいは凝縮）したものです。体に現れた感覚はすべて、それに先だって心がなんらかの思考を抱いた結果です。感情とは、いってみれば、睡眠中に夢のなかで見る自分の体のようなものなのです。夢のなかではあれほどリアルに感じられたのに、目が覚めると、その体は心のなかのものでしかなかったことがわかります。同じことが、「昼間の夢」にもいえるのです。ただし、感情の管理がうまくいかないせいで、こちらの夢はしばしば悪夢になってしまうのですが――。

わたしたちの体は、いわば、心のなかみがプリントアウトされたようなものです。体の状態を見れば、心のそれがわかります。緊張すれば、肩や顔がこわばります。恐怖や怒りを感じれば、呼吸がはやくなり、胃がきりきりと痛みます。逆に、心が安らいでいるときは、肩の力が抜け、呼吸も深くゆったりとしたものになります。

感情はだれのもの？

あなたの感情はあなたの両親のものでしょうか？　隣人のものでしょうか？　あなたの子どものもの？　それとも配偶者のもの？　あなたが体のなかで感じているその感情はだれのものでしょう。もちろん、あなたのものです。幸いなことに！　つまり、もしそれが気に入らなければ、あなたの意志でどうにかできるということです。

なぜ感情を手放すのか

あなたは、たぶん、幸せになりたいと思っています。自由になりたいと思っています。満ちたりて、安らぎを得たいと思っています。

ためこまれたネガティブな感情を手放すと、心が穏やかになり、自己破壊的なプログラムが削除されます。すると、おのずと充足感が生まれ、けっして消えることのない幸福を手にできるのです。

ネガティブな感情を抑えこみ、コンピュータウイルスのように体のなかにためこんでいくか、それとも、それらを手放し、スーパーコンピュータのようによどみなく機能する心身を手に入れるか。選択権はつねに、わたしたち自身にあります。

ほぼすべての病はストレスに起因します。すべての不全は、心身に巣くう、欠乏感が生み出したネガティブな感情からきています。破滅的な人間関係は、抑えこまれたネガティブな感情が、のちに友達や家族やパートナーに向かって吐き出されることによって起こります。

あなたはどちらを選びますか？　ネガティブな感情をためこんで、さらなる欠乏感、病、不調和を引き寄せるか、それとも、それを手放して、さらなる充足感、健康、愛を体験するか——。

ネガティブな感情はいつ手放せるのか

自分の感情に対処できる機会はたったひとつしかありません。「いま」です。心はいわゆる「時間」のなかを先へ進んだり過去へ戻ったりしますが、わたしたちが自分の感情にアクセスし、対処できるのは、いまこの瞬間だけです。それを感じている瞬間にだけ、感情のエネルギーに対処できるのです。

あなたはこう言うかもしれません。「あとでやるからいい」。でも、はたしてこれまで、その「あと」のきたためしがあったでしょうか。**感情は、それを感じているその瞬間に手放しましょう**。あえていつまでも抱えている必要はないのです。

なぜポジティブな感情まで手放すのか

「ポジティブな感情」「ネガティブな感情」というものは、そもそも存在しません。あるのは感情のエネルギーだけです。わたしたちがそれに「ポジティブ」とか「ネガティブ」というレッテルをはっているだけなのです。

ただ、本書を理解しやすくするために、ここはひとまず、感情にはポジティブなものとネガティブなものがあるということで話を進めましょう。

ネガティブな感情を手放すと、それがなくなったことで、あなたはより自由に、より幸せになります。

ポジティブな感情を手放すと、それがさらに増えて、あなたはより自由に、より幸せになります。

つまり、ポジティブな感情とネガティブな感情の両方を手放すと、ネガティブな感情がなくなり、ポジティブな感情が増えるということになります。

悪くないでしょう?

どうしてこういうことになるのかというと、感情を手放したことによって、真の自分を覆っていたものが取り払われたからです。**真の自分とは、つまり、幸福そのもの**です。

感情は、わたしたちの本質を覆い隠します。感情は、完璧で完全に満たされた存在である本来の自分から目を逸らさせるのです。

思考や感情は常に変化しつづけます。思考や感情は現象の世界に属するもので、天気と同じように移り変わります。それらを手放すことで、あなたは限りのある現象の世界を超えて、実体の世界、すなわち、ヨガなどでは「目撃意識(witness consciousness)」とも表現される、存在の基底状態へと至ることができるのです。そしてそれが、わたしたちの本質、つまり、純粋な「わたし」なのです。

すべての肩書きや付随物を取り払った、この純粋な「わたし」とは、いったいなんなのでしょうか。それは、つねに幸せで、安らかで、自由で、けっして変わることのない、存在の核です。

レスター・レヴェンソンはつぎのように言っています。「**自己（神）と接触するもっとも簡単な方法は、なにもつけ加えられていない『わたし』の中心を感じることだ。その感覚こそが自己である。真の内なる自己である。そこになにかをつけ加えたとたん、たとえば、わたしは『優れている』とか『劣っている』とか『貧しい』とか『金持ちだ』とか『偉大だ』とか『ちっぽけだ』などと思った瞬間に、『わたし』を限定し、自我《エゴ》をつくり出すことになる**」

すべてのポジティブな感情は、それを覆うもの（感情）を手放したときに姿を現す、わたしたちの本質なのです。感情が取り払われると、心が穏やかになり、この本来の自己感覚（幸福感）が実感できるようになるのです。ところが、わたしたちは通常、この幸福感はだれか別のひとや場所、あるいは物がもたらしたものだと考えます。実際は、欲求が満たされたことによって心が穏やかになり、本来の自己を味わえるようになっただけなのに、わたしたちはそれを「あのひとのおかげ」とか「これが達成できたから」と解釈するのです。「彼（彼女）に愛されてとても幸せだ」「収入が増えたおかげで幸せになった」「新車（仕事、家、名声）が手に入って最高にうれしい」というように。

こんなたとえ話はどうでしょうか。1匹の犬が骨を見つけました。犬はさっそく骨にかぶりつきます。骨は口のなかで鋭い破片に砕けました。骨はカラカラに乾いていたのです。破片で歯茎が切れ、血が出ました。犬は口のなかの血を味わいながら、こう思います。「なんてジューシーな骨なんだ！　でも、口のなかがずいぶん痛いな」。犬はさらに強く骨を噛みしめ、さらに痛みを感じながら、口のなかにあふれ出てくる血を相変わらず骨から出たものだと思いつづけるのです。
わたしたちが味わいたいのは、わたしたち自身の「血」、**思考や感情や形による認識を超越した、純粋なもの言わぬ意識**です。静謐な自己意識には、感情は存在しません。感情は、そこからふたたび「心」に戻って、「(ネガティブな思考から完全に解放されるというのは)なんて気持ちがいいんだ！」と思ったとき、はじめて生まれるのです。「うれしい」とか「悲しい」とか、つねになんらかの「状態」を見いだすのが心の仕事です。心は真の自己の無限の安らぎをけっして理解できません。心はいつも、分類し、ジャッジを下します。分類し、ジャッジを下した瞬間、わたしたちは各瞬間を純粋に「体験する」ことをやめてしまいます。かわりに、その体験について「考える」ようになるのです。これは、イチゴをかじり、その甘い果汁を味わうかわりに、ただイチゴの絵を眺めているようなものです。

感情はさまざまな身体的感覚となって現れます。

- **エネルギー**
- **熱**
- **うずき**
- **圧迫感**
- **高揚感**
- **かゆみ**

・痛み
・あくび（エネルギーの移動）
・緊張
・こり
・しめつけ感
・こわばり
・軽さ
・重さ
・しびれ（感覚の麻痺）

もっともはやく、もっとも確実に感情を手放す方法は？

好ましくない思考や感情を手放す方法はたくさんありますが、ここでは17のテクニックを紹介します。

紹介するテクニックはすべて、わたしが個人的に発見したか、感情と感情を任意に手放す方法について研究するなかで知るようになったものです。テクニックの考案者、あるいは教えてくれたひとの名前はできるだけ明記するつもりですが、何年も前に知ったもののなかには、最初に教えてくれたのがだれなのかが思い出せないものもあります。その場合、クレジットが適切に記されていない可能性がありますが、どうかご容赦ください。

テクニックの具体的な内容は、さほど重要ではありません。大切なのは実用性です。どれだけ効果があるかです。

テクニックには、**感情をひとつずつ手放していくものと、ネガティブな感情が生み出される「おおもと」の部分を根こそぎ取り払うもの**とがあります。「**リリース・テクニック**」はおおもとを取り払います。これは、「アバンダンス・コース（Abundance Course）」と呼ばれるプログラムで教えられている手法で、クラスの受講、またはCDによる自宅学習などで、実際に体験しながら学ぶテクニックです。いまのところ、わたしの知るなかで、ネガティブな感情の生成もとをここまでいっきにすばやく取り除くことができるのは、唯一この「**リリース・テクニック**」だけです。ただ、テクニックの効果を十分に得るには、訓練を受けたインストラクターによる指導が不可欠なので、はじめて学ぶかたには本での学習をお勧めしません。そのため、ここでは名称を紹介するだけにとどめたいと思います。

なぜ生成もとを取り除くのか

生成もとを取り除かなければ、ネガティブな感情は常に再生されつづけます。ネガティブな感情の根本原因が取り除かれれば、あらたに感情が生成されることもなく、心はやがて完全な静寂へ到達します。

完全な静寂とは、どのような静寂でしょうか。午前3時、新雪に囲まれたひとけのない街角に立っている自分をイメージしてください。すべてが静まりかえり、すべてが輝いています。これが、心が穏やかになったときに現れる、純粋な意識の本来の姿です。

感情の生成もとを取り除くというのは、ちょうどこんな感じかもしれません。

カフェテリアなどで、バネ仕掛けの台にのった皿を見たことはありませんか？　皿をとると、下からつぎの皿があがってきます。その皿を取ると、また下からつぎの皿があがってきます。わたしたちの感情もまさにこんな感じなのです。カフェテリアのそれとちがうのは、生成もとがあるかぎり、永遠につぎの「皿」が現れ続けるということです。しかし、生成もとを手放せば、何枚もの皿をいっきに取り除くことになるため、内なる静寂へはやく到達でき、感情が再生されることもありません。

17のテクニックの役立て方

問題にぶつかったら、あるいはネガティブな思考や感情に気づいたら、ここに紹介する17のテクニックのなかから、そのときの自分にいちばん合っていると思えるものを選んで実践してみてください。

このリストは感情を手放すための道具箱のようなものです。究極のガイダンスというわけではありませんが、簡単に実行できるバラエティに富んだテクニックが紹介されています。

だれもが同じ方法で感情を手放せるわけではありません。ある方法で効果がなくても、別の方法ならうまくいく、ということはよくあります。心がネガティブな感情を保持しようとするのは、そうすることで自分を守れると思っているからです。しかし、これまで何度、ネガティブな感情のせいで日常生活や健康や仕事や人間関係がうまくいかなくなったかを考えれば、それが思いちがいであることは明白です。それどころか、心は恐れと否定的な思考によってあなたの意識を「ほしくないもの」に集中させ、結果として、「ほしくないもの」ばかり引き寄せてしまうのです。これから紹介するテクニックは、ネガティブな感情を手放し、「ほしいもの」に意識を集中させることによって、その悪しき傾向を逆転させます。

「手放すこと」に関するQ＆A

Q　ほんとうに手放せたのかどうかはどうすればわかりますか？

A　数字に置きかえてみましょう。手放すためのプロセスを開始する前に、感情の強さを0〜10の数字に置きかえてみます。0は感情から完全に解き放たれた穏やかな状態。10は感情が非常に強烈で、きわめて不快な状態。そして、すべてのプロセスが終了した時点で、ふたたび感情の強さを数字であらわし、どのように変化したかを見ます。

プロセスの前後にこれを行うことで、感情がどの程度手放せたかを検証することができます。心は感情を手放すまいとして、しばしばなにも起こらなかったふりをします。なんの変化もないと思わせて、わたしたちを諦めさせようとするのです。具体的な数字に置きかえることによって、少なくとも、感情の強さという主観的なものの変化をある程度客観的にとらえることができます。

Q　途中で行きづまりました。なんの変化も起こりません。どうすればいいですか？

A　変えたい、消してしまいたいという気持ちを捨ててください。やがてなにかが動き出します。

Q　なんの感情も感じません。感じないものをどうすれば手放せるのですか？

A　感じないものは手放せません。手放すためには、まず感情を「感じる」必要があります。１００パーセントの強さで感じる必要はありませんが、そのうちのいくらかでも意識のなかに引き出すことが求められます。

長い間自分の感情を抑えこんでいると、「感じる」というのがどういうことなのかさえ忘れてしまうことがあります。そのため、なかなか感情をとらえることができません。これは、感情を守るための心の抵抗です。そういうときは、その空白の感覚、無感覚じたいを歓迎し、見つめてください。それもまた、れっきとした感情です。無感覚の状態をありのまま受け入れ、変えたいという気持ちを捨てましょう。すると、それはみずから動きだし、その下に潜んでいるより深い感情を露にしはじめます。隠れていた感情が露になったところで、手放すためのプロセスを開始してください。

Q　精神的あるいは感情的な問題で、すでにセラピストの治療を受けている場合は？

A　ここで紹介するテクニックは、セラピーの代用になるものではありませんが、並行して用いると、非常に有効な補助メソッドとなる可能性があります。試してみる前に、セラピストに相談してください。これらのテクニックのなかには、感情的エネルギーを大量に引き出すものがあるため、セラピーのなかですでにそうしたことが行われている場合は、負担が大きくなりすぎることも考えられます。また、薬を飲んでいる場合は、医師に減らすことが可能かどうか訊いてみてください。薬はしばしば感情を抑制するため、感情を引き出し手放そうとするときには妨げになります。

Q　ひとつの感情を手放すと、また新たな感情がわいてきます。

A　わたしたちの感情はしばしば、タマネギのように何層にも重なって抑えこまれています。皮を1枚むくと、下から新たな皮が現れます。ひたすらむきつづけましょう。次第に軽くなっていくのがわかるはずです。すべての皮をいっきにむくことのできるのが、「リリース・テクニック」です。生成もとを根こそぎ取り除くため、幾重にも重なった感情を一度に手放すことができます。

では、これからテクニックの説明に入ります。

それぞれのテクニックは、ハウツー形式で説明されます。テクニックのなかには部分的に重複しているものもありますが、あえてくりかえすことは、感情のエネルギーに意識を向ける基本的なプロセスを、たんに頭で理解するのではなく、体に覚えこませるのにとても有効です。

ネガティブな思考や感情を即座に手放す17のテクニック

1 感情を歓迎する

感情を歓迎することとは、感情に抵抗することの逆の行為です。

歓迎は、心の抵抗を解きほぐします。感情を抑えこみ、滞らせている心の抵抗は、感情を歓迎することによってほぐれていきます。

1 頭を垂れ、手のひらをお腹か胸に当てます。
2 体のなかにある感情を感じます。
3 感情の強さを0~10の数字であらわします。
4 友達を家の玄関に迎え入れるような気持ちで、感情を歓迎します。感情を正面から見つめ、両手を広げて意識のなかに導き入れましょう。
5 歓迎すると（つまり、抵抗をやめると）、感情は次第に小さくなっていきます。あるいは、いっきに消滅します。

6　あらためて感情の強さを0～10の数字であらわします。数字は小さくなりましたか？　小さくなっていれば、順調です。数字が0になるまでつづけましょう。小さくならなかった場合は、もう一度はじめからプロセスをやり直すか、別のテクニックを試してみましょう。

2　感情のなかに飛びこむ

感情の中心に飛びこむと、次のふたつのうちのいずれかが起こります。

もしそれが、怒りや悲しみ、恐れといったネガティブな感情であれば、その感情は消滅します。ほとんどの場合、ほぼ瞬間的に。

もしそれが、安らぎや愛、感謝といったポジティブな感情であれば、その感情は増幅します。

このテクニックは感情を歓迎するプロセスと似ていますが、少し異なります。

1　頭を垂れ、手のひらをお腹か胸に当てます。

2　体のなかにある感情を感じます。

3　感情の強さを0～10の数字であらわします。

4　感情が体のなかに引き起こしている感覚を感じながら、その感覚のなかに飛びこみます。「飛び込む」とは、意識をその中心にもっていき、そこになにがあるか見るということです。

5 感情の中心にはなにがありますか？　それはどんな「感じ」ですか？

6 たんに頭で考えるのではなく、感覚的に感情のなかに飛びこむことができると、それは次第に小さくなっていきます（あるいは、完全に消滅します）。感情をつなぎとめているものはひとつしかありません。感情に対する「抵抗」です。感情の中心を目指すと、感情は意識のなかに引き出され、自覚されます。自覚は感情を分解するのです。

7 あらためて感情の強さを0〜10の数字であらわします。数字は小さくなりましたか？　小さくなっていれば、順調です。数字が0になるまでつづけましょう。小さくならなかった場合は、もう一度はじめからプロセスをやり直すか、別のテクニックを試してみましょう。

感情に抵抗することを完全にやめると、感情はすんなり去っていきます。そして、自由で限りなくオープンな自分が姿を現します。

3 感情を意識的に増幅させる（2倍にする）

どうしてそんなことをするのでしょうか。

もちろん、そうすれば、感情が消滅するからです。

以前、アメリカ東海岸最大のホリスティック医療のクリニックで働いていたとき、鍼師であり、東洋医学の医者でもあったクリニックの所長が、脚がつったときには「その部分を思いきり強く握って絞り出すようにすればいい」と教えてくれました。陽（緊張）の状態は、さらなる陽（さらなる緊張）を加えると、反転して陰（弛緩）の状態になるという理論です。実際に試してみると、たしかによく効きました。そして、うれしいことに、この原理は感情にも有効なのです！

1　頭を垂れ、手のひらをお腹か胸に当てます。
2　体のなかにある感情を感じます。
3　感情の強さを0～10の数字であらわします。
4　では、その感情をあえて強めていきましょう。あるいは倍にしてみましょう。
5　もっともっと強めていきます。
6　すると、やがてそれは弱くなりはじめます。あるいは消えていきます。
7　あらためて感情の強さを0～10の数字であらわします。数字は小さくなりましたか？小さくなっていれば、順調です。数字が0になるまでつづけましょう。小さくならなかった場合は、もう一度はじめからプロセスをやり直すか、別のテクニックを試してみましょう。

このテクニックが有効なのには、ふたつの理由があります。

1　量子物理学によると、ひとつのスペースに同時にふたつのものが存在することはできません。すでにある感情が存在している場所に、さらにその感情をもとうとすると、それらは互いに相殺して消えてしまうのです。
2　抵抗をやめると、感情は消えていきます。感情を増幅させようとした時点で、抵抗をやめることになります。抵抗をやめると、感情は意識のなかに浮上し、そのまま流れ去り、消えていくのです。

4　消し去ろうと思わない

通常、不快な思考や感情が生まれると、わたしたちはそれと戦おうとします。それに抵抗し、なんとか追いやろうとします。しかし、これこそが、感情を滞らせる原因なのです。ネガティブな感情や、行きづまった感覚、あるいはなにも感じない状態を変えよう、コントロールしよう、消し去ろうとするのをやめると、それらはみずから動き出し、消えていきます。「変えたいという気持ち」を手放したとたん、滞っていたエネルギーが流れはじめるのです。

1　頭を垂れ、手のひらをお腹か胸に当てます。
2　体のなかにある感情を感じます。
3　感情の強さを0～10の数字であらわします。
4　その感情を不快に思う気持ち、消し去りたいという気持ちを見つめます。

5　変えたい、消し去りたいという気持ちを、あえていまだけ手放します。
6　すると、その感情はすぐに小さくなりはじめます。あるいは、完全に消えてしまいます。
7　あらためて感情の強さを0～10の数字であらわします。数字は小さくなりましたか？　小さくなっていれば、順調です。数字が0になるまでつづけましょう。小さくならなかった場合は、もう一度はじめからプロセスをやり直すか、別のテクニックを試してみましょう。

変えたい、コントロールしたいと思うことは、心に「変化」あるいは「コントロール」に対する「欠乏感」を抱かせます。当然、感情は滞ります。思考や感情を変えたいという気持ちを手放すことが、思考や感情そのものを手放すことにつながるのです。

5　愛を抱く

1　頭を垂れ、手のひらをお腹か胸に当てます。
2　体のなかにある感情を感じます。
3　感情の強さを0～10の数字であらわします。
4　その感情に対する否定的な気持ち、その感情をいやがる、あるいはうっとうしく思う気持ちを見つめます。

5 その感情に対してあえて愛情を抱くことを決意します。

6 自分と自分の感情に愛情をもちます。

a その感情に向かって「大好きだよ」と言います。

b その感情に対してあえて愛情を抱きます。

c その感情を感じている自分自身にあえて愛情を抱きます。

7 わいてきたすべての感情や考えに、受け入れるという気持ちをこめて「ああ、そうだね」と言います。

8 あらためて感情の強さを0~10の数字であらわします。数字は小さくなりましたか? 小さくなっていれば、順調です。数字が0になるまで続けましょう。小さくならなかった場合は、もう一度はじめからプロセスをやり直すか、別のテクニックを試してみましょう。

愛には4つの側面があります。**許容**、**受容**、**承認**、**そして尊重です**。これらのどれか、あるいは複数を、自分の感情に対して向けましょう。

抵抗は、あらゆる感情をかたくなにします。抵抗は感情の「冷凍装置」なのです。許すこと、受け入れること、認めること、尊重することは、凍った感情を溶かし、エネルギーの流れを回復させます。

愛は、熱いナイフでバターを切るように、固まって滞ったネガティブな感情を溶かす「解凍装置」なのです。

6 ネガティブな感情に感謝する

このテクニックは、5のテクニックとよく似ています。ただし、こちらは、感情に「感謝する」ことがテーマとなります。

1 頭を垂れ、手のひらをお腹か胸に当てます。
2 体のなかにある感情を感じます。
3 感情の強さを0～10の数字であらわします。
4 感情に対して感謝の気持ちを抱き、「ありがとう」と言います。

なぜ感謝するのでしょうか。そのネガティブな感情は、あなたが心のどこかでそれが自分にとって必要なものだと思っているから存在しています。なんらかの形で自分を守るものだと感じているのかもしれません。しかし、わたしたちをほんとうに守れるのはポジティブな感情だけです。ネガティブな感情はネガティブなものを引き寄せます。ところが、その感情に対して感謝の気持ちをもつと、そこに感謝というポジティブな感情が生まれます。感謝しながら、同時にネガティブになることはできません。したがって、ネガティブな感情は消えざるをえなくなるのです。

5 あらためて感情の強さを0～10の数字であらわします。数字は小さくなりましたか？小さくなっていれば、順調です。数字が0になるまでつづけましょう。小さくならなかった場合は、もう一度はじめからプロセスをやり直すか、別のテクニックを試してみましょう。

7 感情を落とす

これは、好ましくない思考や感情を手放すためのもっとも簡単で手っとりばやい方法のひとつです。

1 ペンを1本手にとります。
2 それを強く握ります。
3 強く握ったまま、ペンをお腹か胸、もしくは感情が滞っていると思える場所にもっていきます。
4 ペンを握る手の力を不快に感じられるぐらいしっかりと意識します。
5 それが感情にしがみついている自分の心です。
6 ペンを強く握ったまま、腕を体の前に伸ばし、手のひらを下に向けます。
7 指の力を抜き、手を開いてペンを落とします。
8 ペンは実にあっけなく床に落ちました。どんなネガティブな思考や感情も、こんなふうに簡単に落とせるのです。

感情はわたしたちにしがみつきません。わたしたちが感情にしがみつくのです。感情は本来、エネルギーとしてよどみなく流れていきたいのです。わたしたちがそれを邪魔しているのです。感情から手を放し、自由にしてあげましょう!

8 意識的な比較

わたしたちはけっして、意図的に自分を傷つけたり、自分の可能性をせばめたりはしません。しかし、無意識レベルでは、ほぼ毎日そうしています。

無意識を意識のなかに引きあげ、自分のしていることを自覚すると、わたしたちは自分のためにならないことを自発的に手放すようになります。

手放すことを可能にするのは、実はこの自覚なのです。「意識的な比較」を行うと、自分と感情は別のものであること、感情がわたしたちにしがみついているのではなく、わたしたちが感情にしがみついていること、しがみつくのも手放すのも、わたしたちの自由だということに気がつきます。

以下は、自覚のレベルを高めるために自分に問いかける質問のリストです。これは心があなたに課している限界を取り払うためのエクササイズです。

質問をしたら、そのつど、意識的にポジティブな答を選び、自分に対して答えてください。

1　○○○について考えるとき（スペースにいま抱えている問題、あるいはストレスの原因となっている状況を入れてください）、わたしはポジティブな気持ちになる？　それともネガティブな気持ちになる？　**どちらを選びますか？**

2　わたしは自由？　それとも縛られている？　**どちらを選びますか？**

3　これは愛？　それとも恐れ？　**どちらを選びますか？**

4　これは疑念？　それとも信頼？　**どちらを選びますか？**

5　これは充足感？　それとも欠乏感？　**どちらを選びますか？**

6　これは調和？　それとも対立？　**どちらを選びますか？**

7　これは安らぎ？　それとも不安？　**どちらを選びますか？**

8　これは解放？　それとも束縛？　**どちらを選びますか？**

9　わたしは、このひと／気持ち／問題と一体？　それとも別々の存在？　**どちらを選びますか？**

10　わたしは○○○（幸福、わたし自身、自由、自分の目標）を肯定している？　それとも否定している？　**どちらを選びますか？**

11　わたしは柔軟？　それともかたくな？　**どちらを選びますか？**

12　わたしは心を開いている？　それとも心を閉じている？　**どちらを選びますか？**

13　わたしはリラックスしている？　それともこわばっている？　**どちらを選びますか？**

14　わたしは自由でいたい？　それとも抑圧されていたい？　幸せがいい？　それとも不幸がいい？　安らかでいたい？　それとも恐れていたい？　**それぞれどちらを選びますか？**

15　わたしは抵抗している（もしくはしがみついている）？　それとも、ものごとをありのままに受け入れている？　**どちらを選びますか？**

16　わたしは与えている？　それとも要求ばかりしている？　**どちらを選びますか？**

17　わたしの内側は騒がしい？　それとも静寂？　**どちらを選びますか？**

9　空になる

自然はしばしば、わたしたちの本質を思い出させてくれます。

1　空を見あげます。

2　雲は浮かんでいますか？　それとも、なにもない空間が果てしなく広がっていますか？

3　空は、雲（あるいは鳥、飛行機、サテライト）を捕まえようとも、追い出そうともしません。それらをあえて受け入れるわけでも、拒絶するわけでもありません。空は大きな空間として、ただそこに存在するだけです。

4　空の広大さ、果てしない広がりを感じましょう。

5　その広がりが、あなたのなかに、より深く、より広く、より大きな意識を呼び起こすのを感じましょう。

6　なんらかの思考や感情がわいてきたら、それが雲のように通り過ぎていくのを眺めましょう。執着も拒絶もせず、ただそれが流れ去っていくのを見ていましょう。

7　自分のなかの「空」を、その果てしない空間を、くりかえし意識しましょう。

自分のなかに存在しないものを、自分の外に見ることはできません。あなたの目に映るその果てしない空もまた、あなたのなかに存在するものなのです。

10　流し去る

心はしばしば、思考の奔流にわたしたちを引きずりこもうとします。

しかし、いっしょに流される必要はありません。

ネガティブな思考や感情に引きずりこまれそうになったら、このテクニックを試してみてください。

1　激しく流れる川を思い浮かべて、川岸の安全な場所にひざまずく自分をイメージします。

2　自分のなかの感情を意識します。

3　その感情を川の流れにのせます。

4　それがすばやく流されていくのを見送ります。
5　やがて河口に到達し、広大な海のなかへ流れ出て、分解され、消滅していくのをイメージします。
6　ネガティブな感情から解放され、川の淵に心穏やかに座っている自分に意識を戻します。
7　あらたにわいてくる感情があれば、同じように川に落とし、海へと流しましょう。心が完全に静まるまで、これを繰りかえします。

11　自分や自分の感情を非難しない

わたしたちの多くは、つねに自分や自分の感情を責めています。しかし、これは折れた脚を棒でたたくのと同じ行為です。そんなことをしても、症状が悪化するだけです。

ネガティブな感情がわいたときには、これを試してみてください。
1　自分のなかに、自分、あるいは自分の感情や思考を非難する気持ちがないか探します。
2　その気持ちに意識を向けます。
3　自分、あるいは自分の感情や思考を非難する気持ち、そのエネルギーを手放します。
4　もっと、もっと、それが消えてなくなるまで手放します。
5　毎日、自分を非難していないかふりかえる時間をもちましょう。非難する気持ちがあったら、そのつど、その気持ち（エネルギー）を手放しましょう。

自分を非難しながら前向きに生きようとするのは、ブレーキをかけながら車を走らせようとするのと同じことです。自分を責めながら、同時に愛を感じることは不可能です。しかし、わたしたちの多くは、日々、これをやろうしているのです。

自分を否定するエネルギーを手放せば、自分を肯定するエネルギーはずっと簡単に引き出せるようになります。

12　自分を肯定する

自分に無条件の賛辞を贈りましょう！　なぜなら、あなたはいまこうして呼吸をし、生きているからです。

自分を「認める」「肯定する」とはどういうことでしょうか。それは、自分自身を好きになること、自分を受け入れることです。

もし難しいと感じるのであれば、もう一度11のテクニックに戻って、自分を非難する気持ちをもっともっと手放してください。そうでなければ、「ブレーキをかけながら車を運転する」ことになってしまいます。

カム・バクシが教えてくれたテクニックを紹介しましょう。カムは「**リリース・テクニック**」

の習得者です。

1　ほんの少し、スプーン1杯程度の「肯定」からはじめます。それを頭の上から注ぎます。
2　それが体にしみ込むのを感じたら、つぎはもう少し量を増やします。さかずき1杯の「肯定」を頭の上から注ぎます。
3　つぎはコーヒーカップ1杯の「肯定」を注ぎます。
4　つぎは、バケツ1杯。
5　つぎは、バスタブ1杯。
6　つぎは、「肯定」の滝が落ちてきます。
7　あなたのまわりに、ポジティブな愛に満ちた自己肯定の湖ができました。
8　いつの間にか、湖は海へと変わっています。
9　あなたは純粋な肯定と承認の海にスポンジのように浮かびます。
10　細胞のすみずみまで肯定のエネルギーをしみこませて、ゆったりと漂いましょう。

このプロセスを1日1回行うことを、日課にしてはどうでしょうか。目を閉じてできるよう、暗記することをお勧めします。これは、心身の健康と幸せにとても効果的なエクササイズです。

13 赤い風船を飛ばす

このテクニックはもともと頭痛を解消するために教わったものです。おかげで、いまでは頭痛に悩まされることがなくなりました。頭痛にかぎらず、さまざまな痛みに効きますが、実はネガティブな思考や感情にも有効なのです。

1 体のなかのネガティブな感情（あるいは痛み）を意識します。
2 その部分を真っ赤なエネルギーの塊としてイメージします。
3 イメージのなかで、その部分に真っ赤な風船をもっていき、エネルギーの塊をひもで風船に結びつけます。
4 風船はゆっくりと浮かびあがり、体から抜けていきます。
5 風船がどんどん空にのぼっていき、次第に小さくなって消えていくのを見届けましょう。

14 蒸発させる

感情を「気化」して消滅させるテクニックです。

1 自分のなかにあるネガティブな思考や感情を水としてイメージします。
2 熱いアスファルトの上で水が蒸発するように、それが蒸発していく様子をイメージします。

3　蒸発したあとに広大な空間が残るのを感じます。

4　その広大な空間のなかでリラックスする自分をイメージします。

ネガティブな感情の脅威は、とてもリアルに感じられるかもしれません。しかし、それは、熱が砂漠や道路の上に出現させる蜃気楼と同じで、実体のないものなのです。望ましくない感情は、蜃気楼のように蒸発させてしまいましょう。

15　蛇口をひねってエネルギーを放出する

感情を抑圧することは、つまり、エネルギーをためこむということです。エネルギーをためこむと、それを抑えておくために、さらにエネルギーを必要とします。抑圧をやめれば、わたしたちはよけいな力を抜いて、もっと楽に生きることができるのです。

1　頭を垂れ、手のひらをお腹か胸に当てます。

2　体のなかにある感情を感じます。

3　感情の強さを0〜10の数字であらわします。

4　感情をお腹もしくは胸のなかにためこまれた水としてイメージします。

5　水のたまったタンクには、蛇口がついています。

6　蛇口をひねり、感情をいっきに「放水」します。
7　蛇口を開け閉めすることで、「放水」の強さは自由にコントロールできます。
8　心が静寂になるまで、感情を十分に流し出しましょう。
9　あらためて感情の強さを0～10の数字であらわします。数字は小さくなりましたか？小さくなっていれば、順調です。数字が0になるまでつづけましょう。小さくならなかった場合は、もう一度はじめからプロセスをやり直すか、別のテクニックを試してみましょう。

16　1パーセントだけ手放す

ときには、抑圧してきた感情といきなり向き合うことが恐く感じられることもあるでしょう。一度にすべてを手放す必要はありません。無理をせず、少しずつ対処していけばいいのです。

1　自分のなかの感情を見つめます。
2　一度に手放すには大きすぎる（強すぎる）と感じたら、とりあえず1パーセントだけ手放すことにしましょう。
3　感情の1パーセントを手放します。シンプルに「落とす」だけでもよいですし、そのほかのテクニックを使ってもけっこうです。

実際にやってみると、たいてい1パーセントよりずっと多くを手放すことになります。思った以上に心が軽くなっていることに気づくはずです。

17 思いやりで包みこむ

ひとはだれしも、愛情と思いやりを求めています。それはわたしたちの感情も同じです。すべての問題は、愛の欠如が生み出します。そして、すべての問題は、愛と思いやりによって癒されるのです。

1 頭を垂れ、手のひらをお腹か胸に当てます。
2 体のなかにある感情を感じます。
3 感情の強さを0～10の数字であらわします。
4 親が傷ついた子どもを抱きしめるように、その感情を愛情と思いやりで包みこみます。
5 感情をなぐさめます。
6 その感情を痛みや苦しみを抱えたものとして受け止めます。
7 慈悲の気持ちを向けると、感情は少しずつ小さくなっていきます。あるいは、完全に消滅します。
8 あらためて感情の強さを0～10の数字であらわします。数字は小さくなりましたか？小さくなっていれば、順調です。数字が0になるまでつづけましょう。小さくならなかった場合は、もう一度はじめからプロセスをやり直すか、別のテクニックを試してみましょう。

East Press Business

ザ・キー
ついに開錠される成功の黄金法則

ざ・きー

2008年2月1日 第1刷発行

著者
ジョー・ビタリー

訳者
鈴木彩子
（第1部、第3部）
今泉敦子
（第2部、付録）

装幀
森 裕昌

カバー写真提供
Getty Images
（©Tommy Flynn, Jack Ambrose）

本文デザイン
小林寛子

編集補助
大村紘代

編集・発行人
石井節子

発行所
株式会社イースト・プレス
〒101-0051
東京都千代田区神田神保町1-19ポニービル6F
TEL 03-5259-7321
FAX 03-5259-7322

印刷所
中央精版印刷株式会社

ISBN 978-4-87257-887-4